U0030856

學習如何學習

歐洲名師教你自學成功的八堂課

APPRENDRE À APPRENDRE

安德烈・吉爾丹 × 傑羅姆・薩爾戴
ANDRÉ GIORDAN　JÉRÔME SALTET

林雅芬——譯

〈推薦序〉

最好的投資就是用學習來投資自己

從呱呱墜地的那一刻起，我們就開始面對學習這門功課，學習走路、學習說話、學習與整個環境做朋友。漸漸地，學習對我們來說，變得愈來愈重要。直到進入國中、高中，甚至大學、研究所，有些人突然發現，學習變成極大的負擔和壓力：如解題無法得心應手、考試成績未達理想、研究報告寫不出來……接著，面臨就業競爭壓力，一些人有幸順利進入職場後，如何向組織領導、團隊或客戶準確地表達、「行銷」自己的想法，成為一項艱鉅的考驗。究竟是什麼原因導致學習成效不如預期、能力無法完全展現？

《學習如何學習》提醒我們，學習就是在投資自己，不僅是學習知識，而是更進一步選擇、吸收、運用、萃取、傳播、創新知識、充分展現自己的才能。問題是，如何才能有效學習呢？首先，從「充分自知」與「從錯中學」開始。因為自知，才能運用最適合自己的方式來學習；正面看待自己或別人的錯誤，不再犯，才能更上層樓。這等於告訴我們，「因材施教」的態度也可以用在自己身上。

身為教育人，與教育界人士、莘莘學子長期相處，我感到，良好的學習氛圍，除了教師的熱誠、投入與努力外，還需要學生的配合、理解與互動，也就是，如果大家都能建立正確的學習觀念，掌握適合個人的學習方法，就能真正達到教育的目的。

在資訊暴增、社會環境變革快速的今日，每個在學學生都應把握時間，自我儲備能力，讓自己未來能夠在世界上立足；而每位在職人士也應不斷學習，具備多項專長，以因應時代變革。《學習如何學習》這本書，的確能幫助您學習，並具有啟發作用。

國立臺北教育大學教育學系教授　林新發　謹識

二〇〇九年三月

〈推薦序〉

從多元化方法中找到自動自發學習的力量

我曾閱讀過有關丹麥教育的文章，深為他們尊重個別差異、充滿人性關懷的教育精神所感。現在這本法國教育專家累積多年研究成果的學習手冊——《學習如何學習》，也以「每個人的學習模式，可以自成一格」來帶出學習的多元化，而要找到最適合自己的方法，就從「了解自己的學習傾向」開始。套用到我們的教育上，如果學校提供多元化的學習活動，學生能運用適合自己的方式去學習，就比較容易激發他們的學習興趣，願意自動自發參與學習。這正和我的辦學理念不謀而合。

除了讓我們瞭解有效學習是怎麼一回事以外，書中更提供許多很實用的方法，例如撰寫書面報告的步驟、準備口頭報告及面試的要點等等，這些都是目前學生較需學習之處，因此本書之內容對於國內學生在準備推薦甄試時，不管是資料之準備或面試，可說很有幫助。

大量閱讀是個人知識累積及增強能力的不二法門，更相信把本書當作隨手翻閱的案上寶典，你會獲益無窮。

臺北市立大安高工校長　陳清諾

二〇〇九年三月

目錄

導言

為何「求知術」還需要學？

★因為學習、通過某項訓練或考試，均屬個人功課……成功者能夠基於本能，或是經由家庭教育影響，明白哪些事該做，那些事該避免。

★因為每一種訓練、競賽或考驗，都存在著可破解的規則，我們只要掌握住破解之道就可游刃有餘。正如我們不會使用同一種方法來準備口試、寫作或報告，就連撰寫筆記的方式，都會因為筆記使用目的不同（有些是用來幫助記憶並應付考試、有些則是為了草擬評論或規劃報告），而大不相同。

★因為每個人的讀書習慣、組織方法與記憶方法大有不同。學習「求知術」，正可使我們注意到，自己究竟採取何種方法學習，更加精進自己的學習方法，同時，也可使我們了解另有其他方法的存在，或許效果更棒呢！

因此，學習「求知術」，並非是為了直接獲取少量的知識，而是使我們能夠在學習技巧運用上愈發得心應手。這是個自我反省、審視自己讀書方式的好時機，好使自己的學習更具效率。

「求知術」的學習，首重自我管理，好使自己學習成效更好。因此，良好的組織能力正是必要的出發點：就先從整理課程筆記、管理時間，與讀書環境做起吧！其次，再習得方法、步驟與判斷指標，使資訊的收集與管理流程更加完美，使自己具有立論的根基，在最佳的狀態中表現自己。

最後，習得「求知術」，還可使你自創出一些，可節省時間、簡化生活的「小撇步」呢！

何時該學習「求知術」？

❖ 1.當你意識到下列事項的重要性時，正是學習「求知術」的時間到了

★你意識到「學習」對你而言具有某種意義存在，你想知道「求知術究竟是如何運作的」，或是求知術能為你提供什麼幫助呢？

★你注意到各個學習場合（國中、高中、升學班、大學遠距教學）各自扮演著不同的角色，各具功能，你也注意到課堂內容、師長，以及課堂上所提供的文章練習各有用途，但你不知該如何運用？你並不清楚這些管道與資源，對你的成功之路可提供什麼幫助？

❖ **2.當你有以下需求時，也正是學習求知術的好時機**

★當你想要為了提昇學習力而尋覓可行的行動時，例如，你想知道如何從錯誤中學習、你想擁有更佳的記憶法，更靈活運用知識。

★當你想要管理自己的身體、營養、休息、睡眠需求時，試圖為高漲不減的壓力紓壓時。

本書的重點

❖ **學習者需知「求知術」乃屬個人專用，因人而異**

學習者需認同自己的讀書方式，尤其得肯定自己的記憶力、並且需和知識、他人（同學、情人、家人）均保持良好關係。

❖ **擴展認知能力**

學習者必須學會釐清自身處境、解決問題、處理訊息、善做筆記與摘要報告、資料記憶、分享，並整合資訊，進而深入探索、創新發現，為培訓自我展開行動。

❖ **發展個人能力**

學習者需學會管理自己所投入的心血、情緒與時間，並激發能夠衍生、加強或喚醒求知欲的動力。此外，學習者需知道如何使自己的計畫脫穎而出，在團體中受到重視。

❖ 掌握自己的身體運作，尤其是學習中樞大腦

人類僅運用了本身潛能的極少部分！不止如此，我們還不時給大腦壓力、無謂地塞垃圾給它。需知「休息」、「小睡片刻」均是為了走更長遠的路，絕非浪費時間。我們需學會以食物和智慧，來滋養我們的大腦皮質層。

本書使用上的幾個小叮嚀

❖ 光是努力了解書中單一概念是不夠的！重要的是，你必須經常以下列問題自問

↓哪些是你已經做到的，而你又是如何辦到的呢？

↓哪些是你已經了解的，哪些概念又有待釐清呢？

↓你得特別想想，書中概念對你究竟有何幫助呢？

有時，難就難在這兒！因為「學習求知術」所仰賴的，正是學習者想要改善學習方法的決心。習得求知術，不僅能增添自己擷取知識的能力，還能使自己學會，如何搬開學習過程中出現的絆腳石。我們往往得從自己的內心深處著手，才能找到足以激發學習動力的對策。

舉例來說：你或許認為數學很複雜，你對數學這門學科的印象很差，而這一切只不過是因為你的某位老師，曾在某一天，把數學解說給複雜化了，或只因為你覺得數學詞彙難以理解，或只因為你興趣缺缺，忘了複習先前的章節，導致進度銜接不上，造成學習效率不佳的惡性循環。因此，你只要告訴自己，數學只不過是個另類的攪拌器！你將各種成份要件（假設條件）放進去，再套用定理或論證法則運作一下，你只要確認流程是正確的，就可得到最終結果了。先問問自己，數學究竟有什麼好怕的，一切都會否極泰來的。

你或許討厭地理學、經濟學或物理學，只因為你認為「對你而言，這些學科一點兒用處也沒有！」只要你未發覺該學科的用途，你就無法產生任何動力去學習該學科。試著想想如何利用這些學科，來幫助你了解這個世界？試著看看別人，如何將這些學科實際派上用場。如此一來，你的學習之路將坦蕩無阻。

你或許無法理解課堂上，所進行的各項活動彼此之間有何關聯，或許也不明白這些活動，和周遭生活環境又有什麼關係。那麼，花點時間重新審閱一下自己的學習目標，或多費心了解棘手觀念的核心意義，然後和你的師長針對這幾點談談，你的問題將會迅速迎刃而解的！

你需要明白我們每個人都擁有許多的良策可用，有些人可輕易地使出許多絕招，但某些人卻連一招半式也耍不出來。這往往只因為「沒去想」該用哪一招罷了！

❖因此，想要學得好，那麼就得先注意一下自己做了哪些事，尤其是以下事項

↓你成功完成了哪些事，你是如何辦到呢？為何要完成呢？

↓你沒有達成哪些事呢，如何導致這樣的失敗結果？為何會失敗呢？

請注意以下兩個重點：

★你必須針對「你本身的唸書方法」與「本書建議的方法」，不斷地進行比對，最起碼，得比對運用到學習狀況上軌道為止。

★你必須親身經歷新的學習法，並加以分析其益處。和他人分享交流你的學習法，也是很重要的一件事。

隨後，你再依據自己的身分與面臨的情況，選擇採取對你最有利的步驟，世界上絕對沒有任何一項學習通則，可以適用於所有的人，更別想找到特效藥或萬靈丹。最棒的是，找到自己適用的方法，或是多學幾招來「耍耍」，以應萬變！

本書適合各個年齡層的讀者閱讀，但特別將核心讀者群設定為十五至三十歲：即正值準備高中畢業考、大學聯考、或是求職考試者，當然，也包括那些重拾課本的族群。

書中某些篇幅較適用於「高中階段」、某些則較適用「大學階段」。每個章節各自獨立，你無須循序閱讀。你可依照自己遇到的難題，或是目前正在進行的活動來選讀。本書附有參閱指示，能帶領你跳閱到相關章節。時時翻閱，每次你都會有不同的收穫的，你將會發現一些當時運用時機未到，而被你忽略的妙招喔！

該為明天而學習嗎？

❖ 藉由知識累積個人能力

今日，每個年輕人都必須自我儲備能力，好使不知天多高、地多厚的自己，將來能夠在世界上立足。誰都無法預測五十多年後，哪些創新鐵定會在未來生活中引起騷動。推論自己，將會在西元二〇〇二年至二〇四〇年間，運用到哪些知識，無疑是一種賭博行為！因此，受教育最重要的課題，不再是累積知識，而是藉由知識再累積一種個人能力（累積一種始終想要明白事理的欲望），換言之，一種促使我們探索不明確或不熟悉事物的好奇心。

使自己熟稔研究探索的步驟，可使你佔盡優勢。我們每個人都需要進行資料蒐集、調查等活動，甚至得與人辯論，說服對方。因此，讀書大計已不再局限於為了解決問題而學習，而得先學會如何釐清局勢，找出問題所在，並尋求其他的解決辦法，或說是找到「最佳解決之道」較為貼切，因為每個問題的紓解方法絕非只有一個。就以「垃圾分類」這件事為例吧！立意是很好，但是，假如我們不想辦法減少垃圾量的產生，就算妥善分類，垃圾依然會堆積如山啊！

對周遭環境保持著批判的眼光，已成日常必要課題。我們必須將科學、歷史、地理、文學各科相結合，把倫理、文化與社會進行串連，甚至將知識與價值加以銜接。你明白處事的輕重緩急嗎？你明白究竟為何而奮鬥嗎？

❖ 多深思熟慮吧！

你知道，深思可使知識活化再分解？所有滯留未活用的知識，都會演變成又臭又長的教條，導致某程度的智能僵化喔！

再者，現今世界局勢充滿著不確定感，知識能夠使你適應環境，使你在身處複雜環境與不確定感時，依然能不斷找出新的解決之道！

一

懂了，才算真正學到

學而不思則罔，思而不學則殆。
——孔子《論語．為政篇》

學習，絕非大夥兒所想的那回事！

學習，並非單靠死背就行。

學習的要點，首重理解。當我們想真正學到東西時，那麼，背誦是必要的步驟，但是單靠死記仍是不夠的，我們還要能夠活用知識才行。唯有使所學的知識在各種不同場合中派上用場，這樣才算真正學到東西。

此外，某些實際練習對學習也很有幫助。例如：親身參與實習過程，可使你對所獲得的知識印象更為深刻，歷時久遠也不容易淡忘。活用知識，正是另一種與人分享知識的學習良方。

犯錯，也是另一種非常棒的學習方法。重要的是，在面對錯誤時，不要因此產生罪惡感，試著去了解究竟是哪個環節出了錯？換個方法再試試看。

小提醒

學習應該是：

★理解
★記憶
★運用與分享
★犯錯……然後，超越錯誤

學習，究竟是什麼？

人們會以既得知識為基礎，藉此學習新知

大腦並非如同白紙一張，它時時刻刻都依據先前累積的知識、經驗、信念與概念，來解讀所接收到的各種新訊息。

重新審視與質疑，也是一種學習

因為，有時我們也會發現自己的某些觀念是錯誤的，因此我們必須能夠改變觀念，才能重建正確的想法。

活用知識，也是一種學習

未經運用的知識，事實上，是很容易被遺忘的。

學習機制是很錯綜複雜的

❖人們在下列情況下學習較不費力氣

★學習內容符合個人所需，或學習內容可呼應學習者想尋求解套的難題；
★對自己有自信；
★對教導者所教授的內容產生認同；
★能夠與旁人分享自己所關注的重心。

學習，隨時隨地都行

❖學習，最初是為了試著找尋人類長久以來自問自答的部分

「我打從哪兒來？」「我是誰？」「我要往哪兒去？」的學習，也是為了解答自己日常生活中所面臨的各種難題。當我們閱讀雜誌、看電視電影、和朋友談天、旅行，我們都在學習，只要對身邊周遭的人、事、物存疑，那麼，學習的機會就無所不在。

每個人的學習模式，自成一格

每個人都有一套自己的學習方法：某些人偏重視覺學習、某些人較為依賴聽覺，甚至

有些人需要舞動身體，或是做些什麼事（親身經歷或是進行研究）才能學得好。無論屬於何種風格，重要的是，得找出自己的學習運作模式。

學習，絕對是必要的

不學習，如何能針對這個世界所發生的時事發表意見？面對著與日激增的知識、多元媒體，以及日新月異的科技發展，學習，儼然已成為我們立足社會的關鍵之一。學習，才能使我們在接收訊息時保持著謹慎的心態。

想要獨占鰲頭，就得學習！

全球化趨勢、新科技、地球所面臨的各種難題，以及新穎的溝通模式，全部都是日常生活中的重要課題，使我們不得不時時刻刻學習。

科技，使訊息傳遞更加靈活透明化、更具即時性，只要我們知道如何掌握，那麼，科技真能使我們享有許多便利。因此，我們若不想被新科技難倒，真得不斷學習才行。

綜觀上述各層面，倘若我們不擷取新知、假如我們不學習，那麼，我們會與世界進展擦身而過的！

學習的方法有哪些？

學習方法繁多，依據學習內容的不同，所運用的方法就有所不同。尤其是當已知與待學的部分有落差時，那麼我們就可交替使用不同的學習方法，以提高學習效率。

接收式學習

學習者直接接收資訊傳送者（教導者）所傳遞的訊息。學習者接收訊息，並且記錄下來。

這不失為是一種好方法，但必須符合以下先決條件：教師所提供的知識，必須符合學生所求；學生的時間必須充裕；學生必須充分了解老師所使用的字彙；而老師所引用的含意，必須與學生所使用的含意相符。

制約式學習

學習者經由條件制約或某種訓練加以學習。學習者身處某種環境中，經由某種設備器材訓練來產生某種行為。假如訓練結果所產生的行為是符合要求的，那麼學習者就會受到獎勵；假如不符合要求，那麼就會有新的訓練使學習者修正行為。

這是用來學習技術性動作的好方法，例如：打球或是釘釘子。

建構式學習

學習者可依據自己的需求與興趣，主動地獨立發掘、摸索、自我表達，或是運用與他人比較與溝通的方式，來建構自己的學識殿堂。

這是一種激發自主學習動力，或充實學識的好方法。

解構式學習

任何一種成功的學習方式都是非常複雜，甚至是充滿矛盾的。運作中的思考系統能夠增添新知識，但也常會建構出一個反制區，來抵制所有與原本認知矛盾的新知。

因此，學習者必須以既有的認知為基礎，才能學習新知，但在此同時，瓦解舊知識以建立新知，卻也是不可或缺的步驟。建築與摧毀必須同步進行。儘管如此，學習者也唯有在熟悉新知、掌握其效果與好處之後，才會放棄舊有不敷使用的訊息。

何時會想要學習？

哪些要素有利於學習？

❖ 學習者首先會記住自己所期待的信息，也就是以下的訊息

★具有自我信念或使命的訊息；
★使自己感到喜悅，感動人心，或是與自己切身相關的訊息；
★可使自己立場更堅定的訊息。

知識訊息若無以上特性，往往會被學習者忽略或丟棄。就算訊息是有用的，也一樣！關於這點，我們需要有所認知。

學習的過程中，吸收多少新知，也就「排除」多少不適宜的舊觀念。學習是許多訊息（問題、最初概念、慣有推理法等等）轉化過程的最終結果。

學習機制啟動於下列狀況

❖ 在下列情況下，學習者將啟動學習機制

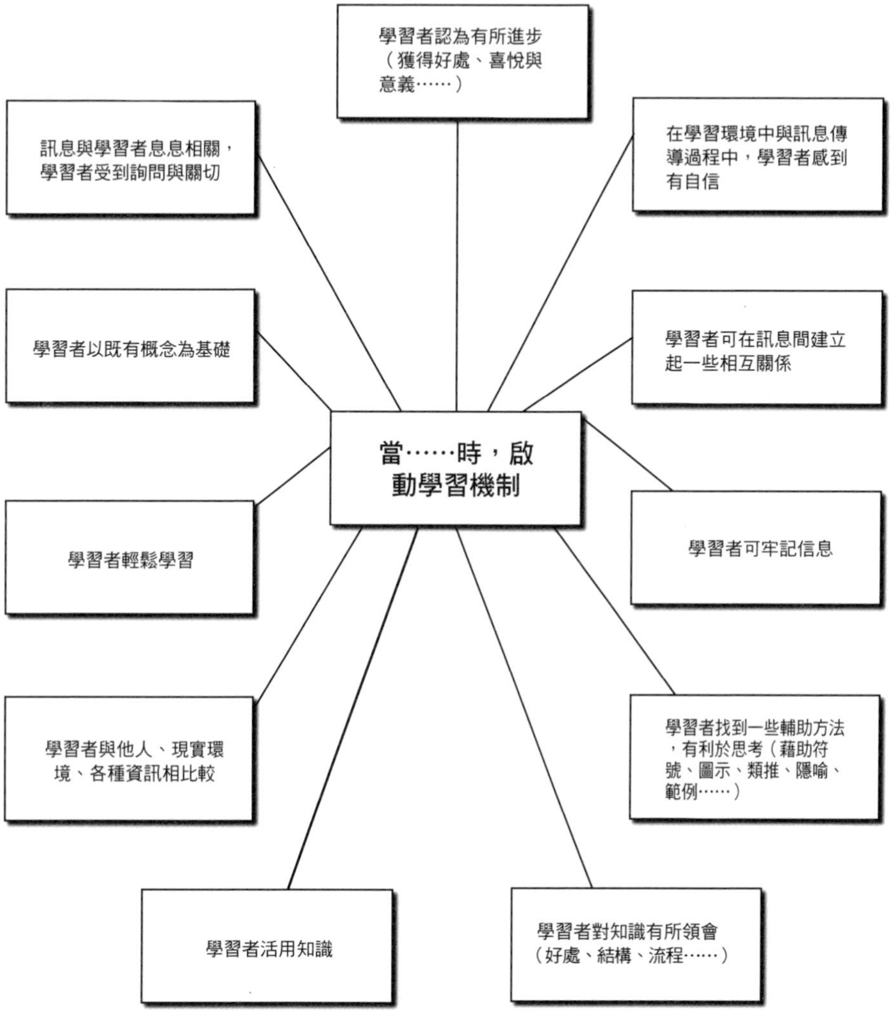
當……時，啟動學習機制
學習者認為有所進步（獲得好處、喜悅與意義……）
在學習環境中與訊息傳導過程中，學習者感到有自信
學習者可在訊息間建立起一些相互關係
學習者可牢記信息
學習者找到一些輔助方法，有利於思考（藉助符號、圖示、類推、隱喻、範例……）
學習者對知識有所領會（好處、結構、流程……）
學習者活用知識
學習者與他人、現實環境、各種資訊相比較
學習者輕鬆學習
學習者以既有概念為基礎
訊息與學習者息息相關，學習者受到詢問與關切

★當學習者認為提供的學習課程有意義，或認定學習課程有價值時；

★當訊息資料使學習者感到不安，不得不加緊處理，或是這些資訊可幫助學習者吸收新知等狀況時。

找出專屬自己的方法吧！

❖ **每個人理解、回憶事物或運用知識的方法，都不相同，大概分為以下幾類**

↓有些人會在腦海中製造或投射出一些影像；

↓有些人會聽到某些字句；

↓有些人會想像一些感覺、做出動作或是舞動身體。

剖析自己的學習模式吧！

你得去探討、了解自己的腦袋瓜所經歷的學習過程。

這可沒有現成的答案，一切得靠自己不斷地探索！我們愈了解自己，就愈能運用自己的能力，學習起來就愈得心應手。

❖ **以下幾個指標，可使你更深入了解自己。當你學習時：**

1. 你會建構出一些影像或影片嗎？當初記下筆記的頁面會重現在你的腦海中嗎？

2. 你會自述一切來龍去脈嗎？你會用自己的話語重述筆記中的註記嗎？老師的言語是否會重回你耳中？

3.你是否覺得必須賦予文字某些情感、需要舞動身體，或是使你所學的內容在自己體內「真實地活著」？你有重謄筆記的需求嗎？

❖假如你的狀況屬於類型1，那麼，你傾向視覺式的學習模式

經由影像學習，你的效率會較高。使這些圖像就像相片或影片一樣，出現在你的腦中吧！

例如：假如你學到與第一次世界大戰相關的重要日期，那麼，試著在你的腦海中，重現一個畫有插圖的年代框表，把這些日期按年份排列其中吧！

❖假如你的狀況屬於類型2，那麼，你傾向聽覺式的學習模式

經由文字或聲音來學習，你會學得較好。用自己的話來重述故事，或是重新回想老師說過的話語吧！

例如：以說故事的方式，把第一次世界大戰的重要日期述說給自己聽。

❖假如你的狀況屬於類型3，那麼，你傾向動感式的學習模式

當你帶著感情與情緒來學習時，成效會較高。試著把你的想法結合一些動作或情感加以學習。

例如：當你需記住第一次世界大戰的重要日期時，別忘了把這些日期謄寫一遍，或是搭配一些動作來加強記憶。你也可試著回想一下，當初是在哪些狀況下記憶這些日期的。

學習模式，並非僅侷限以上三種，但是上述指標已足以使你為自己定位。我們對自己的學習方法愈深入思考，就會進步得愈快。

工欲善其事，必先利其器

了解自己的學習風格固然重要，但訓練自己運用別的方法來學習，也是很有幫助的。

❖當你屬於「視覺式」學習，會有下列傾向

↓以概略方式了解主題；

↓直攻重點，忽略細節；

↓鮮少逐步區分細項、循序進行分析。

我們的建議是：

★費心將你的想法循序列舉，先作組織，不要腦中一想到什麼意見，就直接了當發表。

★訓練自己用文字將想法重新謄寫下來，最好能進一步訓練自己把想法一一述說出來，或是在闡述細節時添加手勢。

❖當你屬於「聽覺式」學習，會有下列傾向

↓你會按部就班、循序漸進地分析主題。

↓鮮少了解主題的整體性。

我們的建議是：

★訓練自己拓展整體觀，培養自己能夠通盤看待事物的能力。試著在一張紙上，畫出課程綱要圖表或是概念概要圖（參見第九五頁）。

★在你的腦海中，試著想像這些資訊有何相互關係。

❖當你屬於「動感式」學習，會有下列傾向

↓你會需要舞動身體，才能使訊息出現在腦中。

↓你得先找到某些感覺，才能找到訊息。

我們的建議是：

★訓練自己用非常簡明扼要的方式將訊息寫下來，動手寫一寫，而非真正動全身。

★試著將影像與你的動作相結合。

★試著將你的想法付諸行動。

你是如何看待「學習」這件事？

學習方法，並非影響高效率學習的唯一關鍵。人與知識之間的互動關係是另一要素。

❖你和知識之間的關係好嗎？試試看找出自己屬於下列哪一種特質吧：

聰明才子型	聰明的人喜歡學習。他們通常偏好獨來獨往，內向的個性，總給人一種不易親近的距離感，但他們往往都是好學生。
活力十足型	活躍型的人喜歡活動。當他們決定做某件事情，他們絕對有完成任務的天分。這種天分倒不盡然能夠造就出好學生，因為他們非常倚賴直覺辦事。
心肝寶貝型	心肝寶貝型的人會為了取悅家人與師長而加倍努力。他們很合群，也很體貼，是相當討人喜歡的學生。然而，他們需要被認同與尊重，才能綻放出光彩。
完美主義型	完美主義者很怕把事情搞砸。他們有能力判斷哪些事會搞得一塌糊塗。他們會戰戰兢兢、不惜費時地將事情辦妥。
感情用事型	感情用事的人完全憑藉著難以自控的情緒來辦事，其反應會相當戲劇化。他們的想法非常有創造力，喜歡凸顯自己與別人的不同之處。

熱情萬千型	熱情萬千的人非常熱愛生活，常能積極看待事物。然而，秩序與紀律卻會使他們提不起勁來。
叛逆不羈型	叛逆的人會因為害怕受傷，而避免表現出脆弱的一面。在衝突中，他們的怒氣會一觸即發，因此容易成為師長眼中難搞的學生。

▷上述類型摘錄自《七種學習特質》（7 profils d’ apprentissage）。作者：尚—法蘭希瓦・蜜雪兒（Jean-François Michel）。Organisation 出版社於西元二〇〇五年出版。

如何避免犯錯？

「每個人都把自己的錯誤命名爲經驗。」

——奧斯卡．王爾德

「思考，正是從一個錯誤，跳進另一個錯誤。」

——阿蘭（Alain Emile Chartier）

就學習的過程而言，錯誤是不可或缺的。不犯錯，就不可能學習，不可能有任何的活動、創新或發明。

剖析自己的錯誤

❖ **若想以錯誤為戒、使自己進步，那我們就需針對錯誤進行以下分析**

↓試著找到出錯在哪裡；

↓試著了解自己為何犯錯。

這正是你在運動、聽音樂或打電動玩具時所做的，你會先試試看，然後以錯誤為戒，使自己進步，盡量不使自己氣餒。

正面看待自己的錯誤

正面看待自己的錯誤，有助於更上層樓。學習者可利用下列方法，來剖析並了解自己的錯誤：

↓注意自己考卷上的批注；

↓當老師發回考卷或檢討試題時，注意老師的口頭提醒；

↓把自己的卷子拿出來比較一下，找出自己最常犯的錯誤，或是和同學的考卷做比較，看看他們是怎麼回答考題的。

↓請師長針對你的錯誤給予建議，特別請求他們針對此而評論與詳加說明。

必須有不再犯的決心

若想超越錯誤，最重要的是：必須擁有不願再犯的決心。錯誤，並非過錯，並非因無知所造成的。相反地，那是一種工作的過程。

若想找出錯誤、了解錯誤，找出超越錯誤或避開錯誤的方法，那麼就必須訓練自己，把重做試題與練習當作一種反射動作。必要時，找人幫助。

害怕錯誤，會阻礙進步之路

你要學習消化他人的眼光，尤其是師長與家長對你的看法。想想看，錯誤能帶給你多大的效益啊！假如你沒有犯錯的心理準備，那麼你將永遠無法學習，更別想要創造出獨樹一格的東西！

時時提醒自己：分數，乃是師長針對你交出的作業所做出的評斷，絕非針對你個人！

最常見的錯誤形態

粗心大意	壓力，經常會使人失去許多分數。多加強自己對課業的專注力吧！
還沒學過	1. 時間不夠　2. 動機不足
對於該學會的尚未通盤了解	多請教老師或同學，千萬別不求甚解。
忘了，或自以為已經學過	啟動記憶力吧（參見第五七頁）！
自以為已了解透澈，事實不然	以自行提問、回答課本各章節題庫，或是重做模擬試題的方式，來檢測自己是否已全盤了解。

誤解題目	多花點時間來仔細解讀題目，平心靜氣地將題目完整看完。自問這個題目期待你給予什麼回答，花點時間判斷字裡行間有什麼玄機與線索。
壓力太大	減輕壓力的最佳良策，就是確定自己對於已了解的課程，能完整地重述一遍或重寫一遍。
自己告訴自己做不到想要酷，或置身事外	加強自信（參見第四一頁）。
來不及完成	養成配合時間的習慣（參見第一四九頁）。 在家寫評量練習（測驗卷或口頭報告……）時，採用限時的方式進行。幫自己計時吧！
忘了某個單字或是某個概念	每次考試後，比較一下你想說出的答案、你腦海中的答案與親上考場實際寫出的答案，有多大的差異，如此一來，你將可終結那些令人扼腕的疏忽。 1. 經常重讀題目和你的草稿紙。 2. 試著回想重點綱要，或是課堂做過的模擬試題。
回答不夠詳盡	利用題目本身或是考古題，來了解老師究竟需要多詳盡的答案

㊁ 求知若渴才能有效學習

有心學習，隨手都有好方法。
——盧梭（Jean-Jacques Rousseau），
摘錄自《愛彌兒》（*Émilie*），一七六二

所有好的教學法，都是從啟發求知欲開始的。
——法蘭斯瓦·德·克勞賽（Francois de Closet），
摘錄自《學習的幸福》（*Le Bonheur d’ apprendre*），一九九七

人類的極怪異行為之一，就是會去「思考未來」。在探索未來的茫茫旅程中，是什麼使我們臆測到，擁有多一點知識，就能多了解我們所生活的世界的動力源頭呢？我們姑且以「求知欲」稱之。或也可稱之為「好奇心」，或是「學習動機」。

這是多重動力引擎：一方面啟動學習機制，另一方面卻也藉由習得的知識或執行的動作，不斷地回饋學習動力。因為，沒有欲望，就不會提出任何問題，就不會想要學習。

求知欲在幼童身上普遍可見，然而，卻會隨著求學過程慢慢流失。求學階段接近尾聲時，求知欲也幾乎消耗殆盡，連那些課業成績優異的小孩亦是如此。

然而，求知欲卻是解悶的最佳良方。

如何保有求知欲呢？

假如已失去，該如何使求知欲再生呢？

如何認同求知欲或增加求知欲呢？

小提醒

求知欲究竟有什麼用途？

求知，是一種始終想要爲某個問題找到答案的企圖心。

★ 我們愈投入，愈會提問，因此，我們就愈有想要了解的欲望。

★ 當我們有求知欲，記憶力會較強，不管是在記憶的當下，或是回憶時（例如考試或報告時）。

★ 我們較不會感到無聊。

★ 當我們擁有求知欲，我們看待別人，以及看待所學習的事物的眼光將會不同，也會使別人對我們改觀。

★ 求知欲會督促我們達成。

懶得學的時候，怎麼辦？

勿隨意「放空神遊！」

有些人為了使自己更受同學歡迎、為了耍酷，會表現出一副「放空神遊」的樣子。這是一個壞點子，是個有礙學習的行為。因為當我們動力十足時，才會學得更好。再說，這種舉動會非常迅速地把老師們給惹惱了，最後，連同學都可能被這種行為惹毛了。

對自己誠實

有時，人們會比較喜歡處於被動，看看老師給些什麼，而非努力投入課程當中。造成這種心態的理由有下列幾個：

↓仍不了解學習這些課程有什麼用；

↓害怕自己學不好，做不到。

有時，是由於自尊心作祟，因為承認或說出自己在某個學科有學習障礙，可不是件容易的事啊！

因此，使自己處在無聊的狀態，就成了一種自我保護的方法、養成使自己慣於等待的陋習。彷彿只要把時間捱過了，一切就會像魔法般再度變得有趣了！

問題是，這種態度會使事情更加惡化的。因此，最好的方法就是：鼓起勇氣，承認自己的障礙，試著找尋解套的方法，尤其是得找尋「正確的」方法，使自己「興致勃勃」地學習。歷經幾次努力、排解幾個障礙之後，一切將會變得好多了。

有時，為了避免浪費時間，或是為了重拾學習欲望，我們可試著換換活動。

但，小心喔！在進行其他活動之前，得先真誠地問問自己以下問題：

↓我是因為一時衝動，才做這個決定嗎？

↓我是否因為害怕，而正在逃避問題？

↓這真是個正向的選擇嗎？例如：這該不是一個懶惰的行為吧？

因此，學習者應該進行以下「得失評估」：

↓我會因此贏得什麼？

↓我會因此失去什麼呢？

學習者不僅需要針對短期效益進行評估，還得著眼於長期效益……

無聊狀態有「正面」與「負面」兩種

人之所以會感到百般無聊，往往是因為自己的心態處於被動狀態。好的無聊狀態對放空、自我探索、自我認同是有所幫助的。這種狀態能使思緒神遊、延伸自己的想像力，甚至還可以減輕壓力。

而負面的無聊狀態，卻會使人故步自封，使人感到憤怒，使人思緒停滯不前。

兩個需要釐清的謬誤觀念

1. 並非所有嚴肅或必須去做的事，一定都是無聊的。有些事情相當容易使人興奮，但卻不一定是「有趣的」。例如：運動時，我們會重複無數次同樣的動作，但不感無聊；練習樂器時，我們會一直重複同樣的指法而不感厭煩，因為我們想要進步、想要做出正確的演出。

2. 你心中是否恐懼，若不和朋友一樣無所事事，就會失去朋友嗎？需知這只是一種短期現象罷了。相反地，倘若你總是求知動力十足、你總是有些特殊點子，假如你具有執行力，那麼朋友會更容易向你靠攏的。

如何從無聊的狀態中脫身？

十個建議，讓你脫離無聊

你是否會找些方法來解悶，而非等待別人來排解你的無聊？

1. 找出可使你感到動力十足的事物（參見第四一頁）。
2. 訂些計畫吧！
3. 給自己一些挑戰。
4. 為自己的目標，訂定確切的日期。
5. 上課聽講時，自問，假如你是老師的話，你會怎麼上這堂課（參見第二一頁）。
6. 盡可能參與課程的進行：提出問題、發表意見、分享自己的意見……
7. 提議進行不同的活動，你大可建議老師針對你感興趣的課題，或與課程相關的主題，進行深入報告。
8. 自告奮勇負責某項活動（提供補充資料、進行調查、安排意見交流團體……）。
9. 假裝自己是從事另一行的專業人士，如：記者、偵探……

10. 找些另類學習的方法。

求知欲是怎麼產生或增加的？

學習者可自然而然地在自己身上找到求知欲。人們可單純地經由學習，或處理某些主題而感受到喜悅、快樂與幸福。只要對自己有信心，人人都可經由以下方式（參見下圖內圓部分）感受到求知欲。

相對的，求知欲也可以是由外創造的（參見外圓部分）。

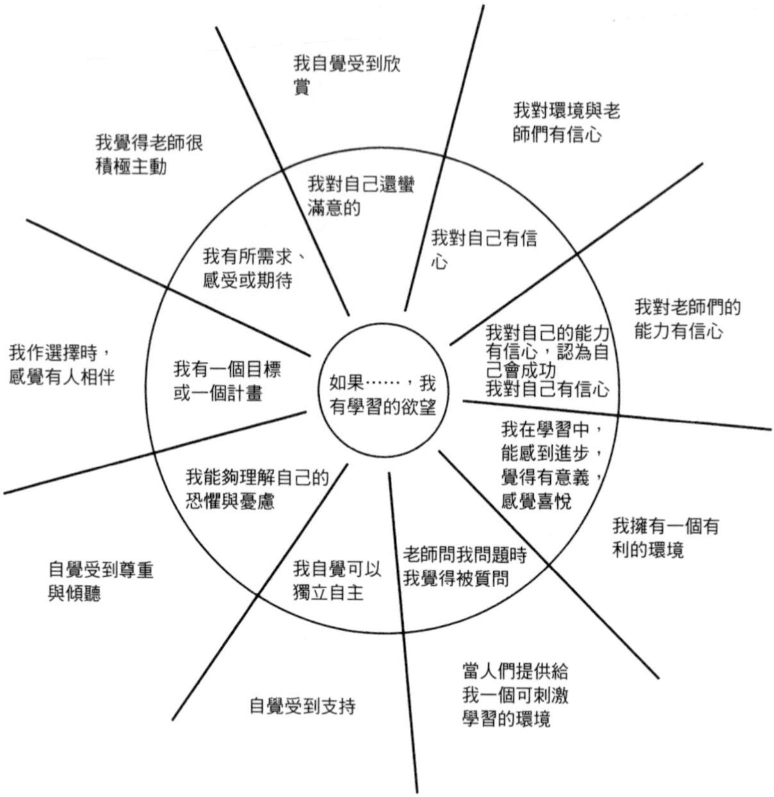

有助於產生學習欲望的各因素
（內圓：個人因素；外圓：學習時的環境因素）

如何自我激發學習欲望？

學習者必須感到本身有所「缺乏」，才會就學或求知。例如：學習者必須感受到自己的能力有所不足，才會對生物學中的大腦章節感興趣，當學習者不了解自己的腦袋是怎麼運作的，本身的認知也不知如何使大腦活絡起來，就會有一種「自己可能會錯失某些事物」的感覺。這時，修習生物學、認識大腦，不再只是增加神經細胞或神經傳導元方面的概念，而是想要完成願望或完成計畫的一個必經過程了。

求知欲的產生源頭是多元的，我們無法在此盡列（請參見前頁圖表），每個人各不同，得有賴自己單獨尋找。

找到自己的欲望源頭

長久以來，哲學家、心理學家與教育學家均假設，人類本身潛藏著求知欲，因而推論學習應該是件「自然」的事。因此，假如有人學習效率不佳或是不學習，那鐵定是「有原因的……」。每個階段的原因各有不同：「智力不足」、「資質不好」、「社會文化認知障礙」、「教師能力不足」等等。

但如今，學者對這方面的論點較為嚴謹，傾向認為求知欲因人而異、因個性而異，打從出生到死亡整個人生過程各自不同。因此，每個人都應竭盡所能激發並維持自己的求知欲。沒有任何一種職訓、任何一間學校能夠代替我們產生這些求知欲，更別奢望會有專門的職訓或機構，能夠幫我們加強求知欲。

求知欲不只一份，而是源源不絕的

你得花時間，非得找到對自己真正有幫助的求知欲不可。

每星期在家裡，花個半小時的時間，利用沐浴泡澡時，或躺在床上或沙發上時，平心靜氣地自問：

→什麼事物能真正使我有所收穫？

→什麼事物能使我早上勇於起床？

你必須知道自己要什麼，並且付諸行動、想辦法完成，而非自嘆自艾，或一味地羨慕別人的生活。否則當遺憾取代夢想時，我們已人老力衰，無力挽回！

欲望與正想汲取的知識相連結

有時，欲望的源頭必須直接與正想汲取的知識相連結，因此：

↓你需自問，學校課程中，有哪些科目使你熱衷或愉悅；

↓尋找課程重點；

↓自問在該堂課中，有哪些是你能夠活用的知識。

假如，獲得該知識是職場所需，或是更上層樓的「必經」過程，那麼你就得找到一些好理由，來超越該知識本身的利益，例如：

↓可為明日的你帶來什麼？（更多的金錢、空閒時間、更大的名氣或潛力）

↓可使你找到更大的喜悅，使你更有自信？

↓是否會提高你的身價？

↓你是否想要好好地學習，好取悅你的師長，好使你的師長或其他同學對你刮目相看？

↓是否只是一個使你有豔遇、泡妞的藉口。

最好對自己坦白點喔！

哪些環境可激發求知欲？

倘若你的求知欲無法自然產生，那麼就得外求了。

教育環境也要日新月異

❖ 教育環境在下列情況中，可激發求知欲

↓呈現新鮮感，而非沿襲舊規；

↓提供更多選擇；

↓引導學生發問，而非單向回答；

↓當學習者感到非常獨立自主。

教師引導認同感

教師也可將個人歸屬感認同的方法派上用場。例如：教導艱澀的學科時（操作程序、對稱變換公式、數學幾何圖形），假如我們使學生認為，自己與那些研究該定理的大人物們是同一類型的人，假如我們使學生模仿這些名人，針對定理提出疑問，或想像這些大人物是在何種場景找到定律的，那麼，這些枯燥學科的「教學效率」鐵定好多了。

找到學習的動力

只要學習者對課程主題或中心目標有興趣，或是這些學科對學習者而言具有特殊意義，那麼就算學科練習極為艱澀，學習者還是可以接受的。當學習者找到自己的動力，就會自動自發學習，毫不遲疑地尋找資訊，學習者就會全力以赴地投入學習。

熱衷溜冰或直排輪的年輕人，會一而再、再而三不斷地重複同樣的動作，這種重複的行為，對他而言別具意義，無論失敗或恐懼都不會使他打退堂鼓……你何不用相同的態度，在課堂裡學習呢？

將求知欲付諸行動吧！

坐而言，不如起而行！

許多言語都可見證我們十足的意願，但同時也象徵著我們空想的大餅。因此學著使用「使欲望成形」、「把欲望建構起來」或「保持求知欲」這些用詞，將可時時提醒自己該付諸行動了。即刻思索能將求知欲派上用場、活用知識的技巧、有何工具或使用方法，真正採取行動吧！說與做之間，尚有一步之遙！

與你的人生計畫結合

活動，能使你度過一個美好的時光。若想產生可激發學習動力的求知欲，那麼你的活動項目，就必須與你的人生計畫或人格養成計畫有交集。欲望乃攸關生死呢！求知欲中存在著一種「最起碼得將世界上某部分人類知識佔為己有」的意圖。

將重心放在自己身上，為自己而努力，你將會改變自己對知識的觀感。「求知欲」必須轉變成「能將個人計畫或職場計畫付諸實現的意圖」，才有意義。

學習，正是善盡生為人（無論成人或孩子）的義務，也是人類共同的表現。而求知欲將可幫你克服無數考驗……

三

訓練你的記憶力

記憶，是思想的崗哨。
——莎士比亞，摘錄自《馬克白》，一六〇五

案例

有關記憶力的紀錄

西元 2002 年，有一位英國人能夠在只看一眼的情況下，記憶 54 盒撲克牌（2008 張牌）隨機排列的順序，而只出 8 次錯誤！另一個英國人能在 31.03 秒之內完全無誤地記住一副撲克牌隨機排列的順序……
西元 2005 年，有一位日本人能夠記住圓周率小數點以下 83431 位數。
西元 2006 年，一個德國人能夠在 15 分鐘內記住隨機出現的 214 個字……
再舉例下去，顯然就有點兒誇張了。但，改善記憶力確實是可行的。

面對與日俱增的資訊，每個人「注定」要記住的東西愈來愈多。

的確，我們不再需要背一大串的電話號碼，但卻必須將一堆通關密碼謹記在心。

拜網路科技所賜，我們可以輕易找到許多資訊，但是我們仍需要記憶許多知識，才能管理這些資訊、才知道該如何取得資料、篩選資料、進行分類與確認、進行必要的連結與評論。

因此，我們有必要了解記憶力的運作模式，並且觀察到這種高超能力是多麼令人難以想像。試想，我們用到的腦力還不及全部的千分之一呢！

如何才能提昇記憶力呢？

如何做，才能使記憶盡量維持長久呢？

人人各有絕招

每個人學習的方法均不相同。某些人需要將他們要記憶的東西搭配上圖像才能記得住，或是硬是得將筆記頁面、單字表或課本的影像映在腦海中，才記得起來。有些人會自述想法或編撰一些故事情節，有些人需要高聲或輕聲地將要記憶的內容唸出來，有些人需要進行模仿、將觀念結合成一些動作，舞動身體或扮演課本提及的主角角色（參見第二九頁）。無論是哪種方法，重要的是，你得找出最能使自己成功記憶的方法。

記憶課堂資訊的方法

↓某些人會以重讀課堂筆記、專注聆聽師長話語來記憶，有些人則需要用自己的聲音將課堂內容重述一遍才能記得住，有些人甚至於需要將文章的某些字彙或圖片「映像」在腦中。

↓有些人利用畫線的方式勾勒重點，或藉用不同的顏色或圖案，以繪製圖表的方式（參見第九五頁）詮釋所學的知識概念。這種方法可使他們在視覺上感覺像是擁有速記卡，掌握不折不扣的課程摘要。

↓有些人喜歡從例子去導出規則；有些人則反其道而行，喜歡用規則去尋訪相符例子。有些人喜歡按部就班地逐課從小重點學起；而有些人則喜歡先從大綱要著手，然後再慢慢進入細項。

現在，換你去評斷自己的記憶方式是屬於哪一種。有機會豐富自己的記憶法，就千萬別遲疑。重要的是，你不僅得擁有一種慣用方法，還需因應運用知識時的需求搭配使用其他的方法才行。

六個使記憶力突飛猛進的概念

記憶，並非死記

換句話說，記憶並非閱讀一篇文章後，馬上閉眼唸出。首先，我們必須先想想欲記住的內容的重要性，也就是要先有想要記住訊息的欲望。隨後，針對我們想要記憶的資訊進行理解，因為我們對訊息愈了解，就愈能記得住。記憶，同時也是一種能夠記取成功經驗或失敗教訓的能力。具有好的記憶力，才能預測並明瞭生活中所遇到的各種處境。

記憶空間是無限大的

別害怕你的大腦沒有位子可記憶新資訊。記憶空間可不像圖書館是個有限空間，我們會愈記愈多的。事實上，我們愈動用到記憶能力，記憶力愈受到訓練，運作起來就愈有效率。

腦中沒有記憶「中樞」

當我們進行記憶時，是動用整個大腦在儲存資訊的。

睡覺，並非浪費時間！

課堂上的知識，我們並非全都馬上記住，但大腦在夜裡仍繼續進行記憶工作。事實上，大腦正是利用夜晚時間重整白晝接收到的資訊。而做夢也可幫助記憶，因此，就寢前，利用晚間時間重讀待記知識是有用的。

永不嫌遲！

千萬別認為三十歲（或以上）再訓練記憶力為時已晚。只要想記，任何年齡都不嫌遲……假如你不斷地活用大腦，你就愈能輕易地喚起回憶。

記憶的方法並非只有一種

我們得明白記憶方法百百種，何不找出最適合自己的方法，增添記憶力，然後再試用別種方法，使記憶力更上層樓？

小提醒

記憶力的威力

記憶力，並非我們所想的那回事：記憶力無法一直記住久遠的回憶或數據。其實大腦會不斷「分解」這些回憶或資訊，然後依據我們所遇到需要處理的難題，將這些回憶或資訊以另一種方式進行重整。

我們身體的四大記憶力之一——認知記憶力，是相當龐大的，簡直是無限大。但我們運用到的部分卻少得可憐。

擁有「好」記憶的七大條件

擁有「想要把訊息記住」的欲望

❖ 在以下幾種情況中，我們將能夠記得更快更牢

★當我們想要記住的內容對某個計畫有幫助。

★當我們明白這些資訊對往後為何有幫助、在哪一方面有所助益時。

★當我們所要記憶的東西，能為自己自問的某個問題提供答案時。

★當待記內容使我們感到愉快，或令我們感動時。

當知識引起學習者高度興趣時，學習者記憶該項知識所耗費的時間相對會少很多。當我們得應付那些「不得不學」的知識時，鐵定得花費更多的時間才能記得住東西。所以說，還是使自己對這些課題更感興趣吧！

當我們想要記住某些資料時，我們得避免分心、閃神，以免阻礙大腦工作。因此，你得採取以下措施：

★在一張整齊的書桌上唸書；

★使用便利貼將腦中閃過的想法記下來，之後，這些念頭就不會在腦中縈繞不去了；

★別虐待大腦，避免一些雜音干擾，不要三心二意……當我們從容冷靜時，我們會記得較牢。

了解資訊

當我們了解有待記憶的東西究竟是怎麼一回事、究竟影射什麼，或是與我們已知的訊息有何相關時，我們的記憶效率會較高。

記憶功能會以參考已知訊息的方式，來連結新認知的資料，換言之，記憶資料的過程會先歷經一個拋錨定位的程序，大腦再將資料嵌入大腦記憶體中定位。

因此，以下幾點顯然很重要：

★我們需從「已知」為出發點去學習新事物。例如，你可自問：「關於這個主題，我是否已知道一些事情？」「在前一堂課中，我們已了解到什麼東西？」

★在已上過的課程、已發生的事件或已接收到的資訊之間，建立起相互關係……

★針對主題，自問一些問題。我們可以使用記者慣用的 5 W（who, what, where, when,

why）發問法：誰？什麼？哪裡？什麼時候？為什麼？

建構訊息

當我們要學習的東西早已分門別類，或是處在「某種結構」下、我們若能以清晰、有邏輯及程序的「完整」概念學習，那麼我們將會記得更牢。

這種狀況有點兒像「拼圖」：所有新資訊都必須安插在舊資訊當中，必須在大腦中找到屬於自己的一席之地。換言之，新資訊必須「安插」進入結構中，否則就會被拒收。因此，人類的記憶體就如同電腦程式一般，需因應新資訊的增加而不斷地進行重整：新號碼會自動地在編碼系統中，找到自己對應的位子。

因此，下列事項勢在必行：

★搞懂新資訊：將新資訊整理成可一目了然的形態。

★分層處理：首先找出主體、各大項目以及相互連接性。

★努力找出對應關係：將新知與舊息相互連結，將未知銜接上已知。

找出自己的記憶習慣

找出自己慣用的記憶模式。視覺派的人很難記住口語資訊，因此，訊息必須詮釋成視覺影像，他們才記得住。至於那些聽覺派的人，必須馬上高聲朗誦（或在腦中默唸）才記得起來。對那些動感派的人而言，得動動身體才能記得著呢！

❖利用想像力，將資訊呈現成不同的形式，看看自己屬於哪一派

↓以影像呈現：試問自己「再次看到」資訊影像，是否就能記得住。

↓以聲音呈現：試問自己「再次重述」資訊內容，是否就能記得住。

↓以動作呈現：試問動動身體，是否就能記得住。

試問自己，利用畫線的方式勾勒重點，或藉用不同的顏色或圖案以繪製圖表的方式（參見第九五頁），詮釋所學的各種知識概念，是否真有必要。自問從例子去記住觀念比較好，還是反其道而行會比較適合自己。

試用各種方式來擴增你的記憶量吧！理想的結果就是將各種記憶法（視覺、聽覺以及其他感官）全派上用場。

所以，動手寫寫字、畫畫線、畫畫圖表、做做記憶卡吧！

千萬別忘了，嘗試用別的方法來記憶喔！

像做運動一樣，訓練自己的記憶力

任何一種記憶法都必須經由不斷地重複來加以強化。若不想遺忘知識，就得再次活用。重複記憶，效果更佳：

★在課堂上，能記就盡量記，因為這時最專心。

★當晚，我們可全盤複習課程。趁一切都還印象深刻，我們可趁機補足白天課堂上來不及記下的重點。我們可以試著了解課程內容，找出不清楚的地方，將所知的內容進行結構分析、分門別類歸納、畫下重點，或添加可釐清觀念的細節，做一些速記卡。

★上完該堂課一星期後，或該科目下一堂課上課前，我們只需稍微花幾分鐘，複習一下自己的速記卡就可以了。

★考試前一個星期（或是一個月前，端看重點份量與考試重要性而定），我們再重新複習全部課程。先回憶一下課程內容，再參看筆記。我們必須以冷靜的態度，補強已遺忘的重點，或是不再熟悉的觀念。複習重點必須放在課程的通盤理解。我們重新回想知識的架構以及主要重點，可以的話，將重點逐一寫出，這樣可使我們隨即檢驗是否有所遺漏。

★考試前夕，我們以更快的速度複習全部課程（每頁或每張速記卡，只消花幾分鐘時間）。然後再記憶細節部分。

疼惜自己的記憶力

只要遵守以下條件，你一定可喚起被你遺忘的回鍋資訊。因為，記憶力，需要時間「沈澱」。因此：

★善用睡眠時間。當資訊早已儲存於大腦，大腦自會利用睡覺時間自動進行複習。

★稍做休息。長時間的記憶過程中間，最好小睡五至二十分鐘。

此外：

★變換使用各種記憶法：在單調的重複練習過程中穿插思考理解練習。

★多針對一些小章節，密集地做一些活用練習：如此一來，可即時消化新概念、避免記憶力處於飽和狀態，以免自己覺得「一切都搞混了」。

★時而變換做做不同的練習，以避免自己偷懶，時而變換複習時間，也可減輕壓力。

★妥善安排複習計畫，使進度超前：份量拿捏妥當的複習是最有效率的，要比密集苦讀好多了。

自我想像待記知識的未來用途

隨時想像知識將會派上用場的場合。當我們想要有效率地記住資訊，那麼就得把大腦「設定成未來式」。當我們複習時，往往筆記都放在眼前，似乎覺得自己都懂了；但是考試時，卻想不起來那些自以為已記熟的資料。當我們有筆記在眼前時，只要幾個字就可以當作記憶的指標，可以使整堂課的內容重回腦海裡；然而，考試時，記憶可不見得一定有指標可尋。因此：

★想像自己正身處在未來，會運用到這些資訊的場合中。

★不要只為了應付平日的小考而唸書，得為日後的大考或更長遠的用途作準備。記住資訊和喚起記憶，是兩種不同的機制。因此：

★使自己能夠熟練地轉換這兩種不同的機制。

★不斷地檢測自己，是否能從記憶中喚起學到的東西。為此，你得常發問，並且經常回想，在不看筆記的狀態下，寫出、說出或想出課程中的關鍵句。

記憶機制如何運作？

大腦乃是運用整個皮質層來進行記憶的。每個訊息，都有數百個腦神經細胞，就位待命連結處理。某些神經細胞位於大腦聽覺區，某些則位於視覺區，或體能區，還有一些專職於破解密碼。

我們記得愈多，就愈能使神經細胞之間產生連結（即產生所謂的神經突觸），也更能使各神經細胞網絡相互聯繫。

想要喚起記憶，首先得有出發點：某個影像、文章，或是相對應的聲音。若相對應的感官愈多，就愈能輕易地喚起我們急欲搜尋的記憶。

在記憶的過程中，敏感度、感官，以及情緒都是重要的一環。當我們著手進行某項會使自己感到有所進步的行動（例如進行報告、團體活動、個人研究），或是該項活動對我們具有意義時，我們會將這件事記得較牢固。大腦會依據所記資訊的重要性程度，產生數量不等的神經傳導元，這是一種會固定在各神經突觸上的分子，用以幫助或干擾記憶流程。

以下流言，是真是假？

❖ **某些物質會妨礙大腦與記憶力的良好運作**

正確：毒品、安定神經藥、抗焦慮藥、抗憂鬱藥，甚至於酒精，都會妨礙大腦運作。疲勞或是讀書時聽音樂，也會降低記憶效能。

❖ **有可提昇記憶力的藥物存在**

錯誤：相反地，均衡飲食可充分地「滋養」大腦。某些食材，例如魚肉，對記憶力是有幫助的。

❖ **記憶力和肌力一樣，可藉由訓練而增強**

正確：記憶力並非肌肉，但我們仍然可以大大改善其效能。

★我們愈使用記憶力，其效能就愈好。

★大腦愈用愈靈光。

★我們記憶的方式愈多元化，我們就愈容易喚起腦海中的資訊。

❖ **死背，是完全沒用的**

錯誤：死背，還是有用的，但只適用於某些情況，因為我們擁有不同類型的記憶體。

例如：

★單字記憶體：儲存著字音與字型。

★語彙記憶體：儲存著字義。

規則、公式、單字與日期，都必須靠死背才能記住，這是建構單字記憶體的唯一方法。

至於加強語彙記憶體，就得完全憑藉理解了。例如：了解主要概念、連結字義、實際運用……

為什麼會這樣呢？因為在面對新訊息時，大腦對於語彙記憶體（主掌字義的記憶體）要比單字記憶體更具排斥性；換言之，我們愈深入探討所學，我們所學的知識才能記得愈牢。

❖記憶體會進行打掃工程

正確：每天晚上，記憶體都會趁我們睡覺的時候重新排序。大腦會利用我們的睡眠時

小提醒

★訓練記憶力的方法

★試著用兩種截然不同的方法來學習同一件事。例如：用製作圖表的方式來了解一本書的內容，或是以看紀錄片的方式，來學習一本書的內容。

★盡可能串連起各堂課之間的關聯性。例如：你可將法文課中啓蒙運動時代、各大作家的章節，與歷史課法國大革命的章節相連結。

★從事一些課外活動，例如：到博物館參觀；針對主題，看一些相關的紀錄片。這些活動都能多元化地刺激大腦。

間，進行觀念清除與重整的動作。某部分的記憶將會在這個時候被丟棄。

因此，我們得不斷地重新啟動記憶力，才能長久保持記憶效能。我們愈常記東西，我們就能愈記愈快！

幫助記憶的方法

記憶術真的有用嗎？假如你真的已了解訊息的主要觀念，那麼，記憶術的確可使人更輕易地記住某些資料。

記憶術，不僅可幫助我們記住訊息，還能使我們在需要運用這些資訊時，更輕易地想起。

最棒的記憶術，都是自創的！想要擁有記憶術的話，就在腦海中將訊息轉化成影像、文字或動作吧！

傳統的作法（以法文為例）

「Mais où est donc Ornicar?」（那麼歐尼卡在哪裡呢？）：我們可借用這句話的同音異義，來記住法文的對等連接詞：mais, où, et, donc, or, ni, car。

「Adam part pour Anvers avec cent sous, entre derrière chez Decontre」（亞當帶著五塊錢，出發到安特衛普去，進入德康德海家的後院。）：我們可借用這句話的同音異義，來記住法文的重要介係詞：a, dans, par, pour, en, vers, avec, sans, sous, entre, derrière, chez, de, contre。

「Abaco soutra vanviem」：蘊含著以下以「ail」為單數字尾、以「aux」為複數字尾的單字字頭：ail, bail, corail, soupirail, travail, vantail, vitrail, email。

「Viens mon chou, mon bijou, mon joujou, sur mes genoux et jette des cailloux a ce hibou plein de poux!」（來吧！我的心肝寶貝、我的掌上明珠、我的玩具，坐到我的膝蓋上來吧！拿些石頭丟這隻長滿虱子的貓頭鷹！）：這句話可用來記住以「ou」為單數字尾、以「oux」為複數字尾的單字。

「Le chapeau de la cime est tombe dans l'abîme et celui du boiteux est tombe dans la boîte.」（山頂上的帽子掉到深淵裡了，瘸子的帽子掉到盒子裡了。）：這兩句話可用來記住，哪些單字上的 i 有「帽子」形狀的這個重音符號，哪些單字沒有。（譯注：「cime 山頂」這個字的 i 沒有帽子符號，「abîme 深淵」這個單字的 i 有帽子符號，因此說，山頂上的帽子掉到深淵裡了。後句原則雷同。）

創造專屬記憶術的小訣竅

創造出你自己專屬的記憶術，你若能持久使用，也更能輕易上手。若能加點幽默感，那就更棒了！

想想如何將記憶術運用到所有待記的知識中吧！這樣，你也能創造出一大匣的記憶術呢！

時時複習這些記憶術吧！假如你按照科目來選擇適用的記憶術，將可更輕易地將這些記憶術派上用場。

❖把待記的分散單字，串成一個有意義的句子

例如：「La corneille sur la racine de la bruyère boit l'eau de la fontaine Moliere.」（歐石南樹根上的小嘴烏鴉喝著莫里哀泉的水）。我們可用這個句子，來記十七世紀的法國大文學家們（高乃依 Corneille、拉辛 Racine、拉布呂耶爾 La Bruyere、布瓦羅 Boileau、拉封丹 La Fontaine、莫里哀 Moliere）。

❖用待記單字開頭的第一個字母，重新造另一個新句子

當單字的順序很重要的時候，這種方法是很有效的。

例如：「Mon voisin très malin a justement situé une neuvième planète.」（我那個非常奸詐的鄰居，正好就住在第九個行星。）這句話可用來記住太陽系的各大行星，並且從最靠

近太陽的那顆行星開始記起（水星 Mercure、金星 Vénus、地球 Terre、火星 Mars、木星 Jupiter、土星 Saturne、天王星 Uranus、海王星 Neptune、冥王星 Pluton）。

❖ 用待記單字開頭的第一個字母，或前兩個字母，新創另一個字

若單字的順序很重要的時候，這種方法也是很好用的。

例如：用「MoVoRoDi」這個字，來記住法國啟蒙時代四位大思想家，並從最年輕的那位開始背誦（孟德斯鳩 Montesquieu、伏爾泰 Voltaire、盧梭 Rousseau、狄德羅 Diderot）。

❖ 把數字變成單字

你可用這個方法來記憶數字或日期。造個句子，使句中每個單字的字母數，代表著某組數字。

例如：「Que j'aime a faire connaître ce nombre utile aux sages!」（我多麼想要把這個有用的數字介紹給一些智者）。這句話每個單字的字母數，分別代表著圓周率：3.141 592 653 5……

❖ 自編一些詩詞

例如，當你要記住數學科目中有關於圓的公式，你可創出以下韻文：

因為等於$2\pi r$，所以圓周很驕傲；

因為等於πr平方，所以圓圈欣喜若狂。

❖凸顯某些字的相對關係

這個方法在處理拼字方面的問題，很有用。可用來提醒自己，哪些字有重音，哪些字沒有。把一些字串連起來吧！

例如：

「L'amande pousse sur un arbre;l'amende sur un essuie-glace」（杏仁長在樹上，罰單放在擋風玻璃的刮水器上。）（譯注：法文的 an 和 en 的發音一樣，所以這個句子可用來提醒該用 a 還是 e。）

「Les bonbons m'ont donné de l'embonpoint sans neanmoins me transformer en bonbonne」（糖果雖然使我長胖，但還不至於使我變成大甕身材。）這些單字中的 b, m' 或 p 前面，均不放 m。（譯注：因爲法文的 on 與 om 的發音相同，an 與 am 的發音相同，因此需小心背誦。）

❖創造同音異義的句子

例如：

「Les si n'aiment pas les re」（音符 Si 不喜歡 Re）或是「Les scies n'aiment pas les raies」（鋸子不喜歡光線）。這句話意謂著連接詞 Si 後面，從不使用法文條件式（動詞變化以 rais, rait 結尾的語態）。

「Tous les members de la famille ont un accent grave, sauf pepe et meme」（所有的家族成員都有很重的口音，除了爺爺和奶奶。）（譯注：這句話也可解釋成：所有關於家人的單字，都有「一個由左上往右下撇的重音符號，除了爺爺和奶奶這兩個單字除外」。因爲，法文 accent grave 可有兩個解釋：一爲很重的口音，另一個則是指字母上頭由左上往右下撇的重音符號。）

其他方法

❖類推法

將新知影像或知識作比較，或是與已知的作比較。

❖反例法

使用相反的例子，來凸顯不同資訊之間的差異特性。

❖情境法

假如我們可以想起上下文，或是使用情境法，那麼我們就能更輕易地想起細節。

❖概念釐清法

先掌握主要觀念，再添加細項，會是個較有效率的記憶方法。

❖摘要法

假如要記住的資訊太多，那麼就以摘要的方式，把這些資訊濃縮成重點。這樣可以幫助你找到重點概念，並且有助於理解。

❖分類法

將資訊分門別類建檔管理，有助於將資訊從腦海中輸出。

❖關鍵字法

選擇一些關鍵字，來加強自己對資訊的印象。

嘗試找到一些適合自己的策略，牢牢記住，可在下次考試中大顯身手！

別忘了要經常複習這些技巧喔！

四

學會發問與解決問題的訣竅

我們解決的問題都是我們自己提出來的，而非自個兒冒出來的。
——法國數學家昂利・龐加萊（Henri Poincaré）

總有一天機器能夠解決所有的問題，但卻絕不會有發問的一天！
——愛因斯坦

知道如何解決問題，就是一種自我學習。的確，當我們說到「問題」時，直接會想到數學，但其實問題是無所不在的。無論在歷史、經濟、科技各領域，或是在日常生活中，到處都有，寫作或是針對某個意外撰寫報告，也都是額外需要解決的問題。

當我們遇到某個令人不甚滿意的情況，或是當現實與期待不符時，就會有所疑問。每一種狀況都可能找到一些可遵循的基本原則，使自己在解決問題時，在與難題相抗衡時，擁有最大的勝算。

而如今，比解決問題更令人頭大的是，得學會如何發問。在某些日趨複雜的領域中（如經濟、健康與永續發展等課題），問題往往具有多面性，並且相互牽制。

如何解題？

了解問題所在

首先，得找到問題出在哪裡，因此，我們得仔細詳讀題目。光是搞錯某些字的意義，往往就會誤導之後的推理過程！

以下幾個基本問題可使我們確認自己是否已完全明白題目的內容。

❖ 以數學為例：

↓哪些是已知數？

↓哪些是未知數？題目要我給什麼答案呢？

↓條件是哪些？題目中所給予的條件，是否足以用來確定未知數？這些條件不足嗎？是多餘的嗎？還是相互矛盾？

自問，是否能夠將題目以另一種方式改寫？

也可另外繪製出一個圖表、圖形或是概念流程圖。（參見第九五頁）

擬定進攻策略

我們若想盡可能確保勝算，那麼就得選用最適合的策略。假如沒有現成的，那麼就得自創了。如此，有可能為了達成目的，想出三十六種之多的方法。

❖ 以下幾個問題可幫你擬定進攻策略

→你是否已經遇過這樣的問題？

→你是否已經遇過同類型、但稍有差異的問題？

→你知道有其他相關問題存在嗎？

❖ 以解數學題目為例

→你知道哪個定理可派上用場？

→確實找出未知數，試著想出某個你熟悉且具有相同未知數或類似未知數的題型。

→再回想一下數學定理的定義。

→試著自問是否能夠變動未知數與已知數。或是僅改變未知數或已知數，使新代入的未知數與已知數之間的關係更明確。

❖ 以解經濟題目為例

↓找出一個曾與自己切身有關並且已經解決的問題。自問是否可套用以前的解決方法與模式，來解決目前的難題？前事不忘，可為後事之師。目前的難題是否更難解？是否還需要尋找次要要素來輔助呢？

❖以解文學或哲學題目為例

↓自問是否可運用另一種方式陳述問題？可否將問題鋪陳成另一種格式？關於題目標題中所蘊含的所有主要觀念，是否已縝密地思考過了呢？老師或主考官究竟期待你給出什麼答案？

小提醒

解題小訣竅

★檢查一下，確認自己已將所有的已知數都派上用場了。

★繼續做下面的題目吧！有時前一題的答案，可在後一題中派上用場呢！

將策略付諸實行

就攻擊位置，衝吧！

在數學題目中，你得把公式秀出來，加以套用（也別忘了提一下你運用的是哪一個定理）。

在物理題目中，你不僅得運用到公式，別忘了稍加解釋為何選擇這些公式，還得針對問題，審視這些公式的適用性。想想看結果是否可以接受，值量數順序為何？

在哲學、文學與歷史等文科中，你都會遇到論證題。面對哲學題目時，你得把論證點著重在著名的哲學家名言，但千萬別通篇抄襲、照單全收啊！你的論點必須環環相扣、合乎邏輯。假如是撰寫論文，那麼千萬別忘了附上文句摘錄處，盡可能連同摘錄處的頁碼一併附上。

盡情抒發時，別忘了時時確認每個論點的確切性，自問是否能明確了解自己論點的中肯程度？推論的起承轉合是否流暢？

展現你的耐心

請注意：作答時，得展現出你的耐心，別氣餒。考試時，要心無旁騖，只需注意作答時間即可。

↓再重讀一次剛做完的題目，深入思索一下你認為行得通的論點，以及你認為似乎不可行的論調。

↓你再次審視推理程序了嗎？

↓你再次確認最終結果了嗎？

萬一，你的推理過程「卡住了」，那麼，也別僵持太久，換個方法試試吧！

平日複習時，就要訓練自己獲得不同的結果。自問是否能將該結果或方法，運用到其他的問題上呢？

該如何發問？

雖說「提問」是件不容易的事，但某些問題就是會不請自來，例如：「障礙點在哪兒呢？為什麼會出狀況呢？」這類型的問題。但絕大多數這種不請自來的問題，都是一些不符實際需求或次要的問題。

例如，在面對禽流感疫情時，我們不免自問：

↓我是否還能帶我的孩子，一起去餵鴨子吃麵包呢？

↓雞肉還能吃嗎？

↓還可讓我的貓咪肆無忌憚地抓麻雀嗎？

↓看見鴿子該躲開嗎？

但真正的重點都不在這兒啊！

用書寫界定問題

用一、兩句簡明扼要的句子，來闡述令人不甚滿意、有待解決的現況，如此一來，可幫你產生一些較為明確的想法。假如你們是團體作業，那麼，這種方法可使你確認每個人對提問的方法一致同意。

重點在於，你必須以現況缺失點或弱點為基準面來發問。假如你完全以正面立場發問，那麼你的思緒將迅速地導向「解決方法」。然而，顯而易見的解決方案往往都是「不切實際」的方法，政治圈裡每天都在提供這種魚目混珠的解決方案啊！正因如此，我們才需以反面的角度來提問，例如：

↓法國是否有能力杜絕禽流感大流行呢？

↓對人體的真正危害是什麼呢？

↓爆發全面大流行的危機真的存在嗎？

以這種角度提問，你的思緒將會轉向尋求以往曾發生過、情況與目前「可能會不利」的相似案例，並將以前曾做過的分析列入考量。唯有先分析前因，才能找出解決方案。

表達意見時請提出可執行的目標

發問時，務必舉一些已經發生的事實當參考例子，別漫天空談。詳細說明你觀察到哪些事件與眼前的難題相關，明確描述與眼前難題相關的人士之特性。

詳細界定問題範疇才能各個擊破

有時，將大問題細分成討論範圍明確的小問題，會比較好處理。但是，當我們研究局部細節時，我們也得做整體考量，並衡量小問題本身與其他相關問題之間的關聯性。

發問時常犯的錯誤

❖ 問題本身等同解決方法

我們往往認為自己正在提問，但事實上，我們同時也提供了一個不恰當的解決方案，例如以下這個問句：「是否該換掉這台經常故障的影印機呢？」

若針對狀況進行更完整的分析，會發現，這樣的表達方式，對「更深入地探討當初機型的選擇」（該機型是否合乎需求）是否有誤？對於考量「保養程序或使用上是否出錯」是有妨礙的。

❖ 問題不會自己存在，人的存在才會有問題對應產生

誰深受該問題所苦？誰提出問題？誰負責解決？誰才是決策者？解決方案執行時，可能會牽涉到誰？又有哪些觀點呢？

❖ 一個問題的背後可能隱藏著另一個問題。表象症狀可不代表疾病本身！

「雞肉還能吃嗎？」這個問題會衍生出以下幾個問題：「哪些東西是生蛋做成的？美乃滋沙拉醬能吃嗎？提拉米蘇呢？」這些可都含有生蛋成分啊！

❖ 發問時，也常見以下錯誤

↓選定的題目範疇太大且難以著手。

↓一開始題目就沒有定好。

↓馬上提出顯而易見的解決方案。

↓未加以審視確認，就斷定單一成因。

↓鋪陳解決方案時缺乏警覺心。

↓分不清問題的「重要性」與「緊急性」：有些不需急著處理的問題卻是相當重要的。

↓分不清問題的「重要性」與「特殊性」：特殊事件容易引人注意。有時聳動的事情，其造成的後果不全然是影響深遠的。相反的，有些經年累月存在、但非駭人聽聞的老問題，其影響層面卻可能相當嚴重。

以「拯救地球」這個議題為例，學習如何「正確發問」

像「使地球永續發展」這類型會關係到地球未來的議題，都是非常重要的課題。然而，在這個領域中，人們卻愈發不知該如何發問。

正如人們提供許多垃圾分類的相關資訊，這是很棒的……但是，主要問題並非出在這兒啊！首要的問題點在於我們的浪費行為，我們買了太多無用的東西，甚至不要求買回的東西（洗衣機、汽車）能夠長久使用，一壞掉就換新的，就算能夠修好也作罷。包裝問題也很使人傷腦筋，尤其是禮物包裝方面，我們不會再次使用這些包裝，回收再利用的工程也才剛剛起步而已……所以說，我們可以從其他層面著手，從如何改變消費習慣，來提出許許多多的觀點問題。

能源問題也是一樣。人們一窩蜂地追著石油跑，然而，許多替代能源應該被發展出來了；也該是我們自問，如何將這些節約能源措施，落實到日常生活的時候了……

地球永續發展的相關議題都是非常複雜的，因此，我們必須擁有某種程度的知識，才足以了解這些議題，才不至於將這些議題過於簡化。關於這方面的議題，已有許多既定觀念正在傳播流通著，因此，我們必須學會獨立思考，換言之，必須擁有評判思想。

案例

從柳橙汁的製作思考「如何發問」

⟶ 柳橙汁，喝在嘴裡是很可口，但事情可不見得如此簡單……

⟶ 首先得種植柳丁，而柳橙大多產於南美洲，種植過程中經常得用到農藥與化學肥料。農藥與化肥會滲入柳橙，也會流入土壤含水層中，對自然環境、栽種者，與我們這些食用者的健康均有重大影響。此外，栽種者的薪水更是微薄呢！

⟶ 柳橙緊接著會被壓搾成汁，並加以濃縮，這些過程都需耗用能源。

⟶ 濃縮柳橙汁會被放置在輪船冷凍艙中，運至歐洲，然後再被稀釋，裝瓶或裝成紙盒包裝（而這些外包裝也都需另行製造），然後再送往零售點！最後，為了銷售，還得做廣告宣傳，得耗費許多紙張呢！

⟶ 這些運輸過程與外瓶製造過程，都會消耗能源、污染環境、製造垃圾（例如裝運瓶裝柳橙汁時，所用到的紙箱，最後終將變成垃圾）。

⟶ 最後，當我們喝完柳橙汁，也會把紙盒包裝塞進垃圾桶裡，無論進行銷毀或回收，都會污染到水源與空氣，還得消耗到能源，付出的代價何其昂貴啊！

★結論

1 公升的瓶裝柳橙汁＝ 22 公升受到污染的水＋產生 4 公升的廢料＋ 1 立方公尺變得貧瘠的土壤。

然而，在歐洲每人每年平均得喝掉 21 公升的柳橙汁，而光是歐盟人口，就高達四億五千萬人之多呢！

若不想在大環境中逆來順受，若想要做出正確的決定，那麼，我們就必須掌握知識、訣竅與行動力。

如何繪製流程圖？

流程圖是個很好的工具，可幫助我們列出所有的問題點，並找出其中相對的關聯性，可用來替問題定位排序。

1.將題目的主題（或是主要概念）放入一個文字方塊中：文字方塊中可僅放置一個字，或搭配幾行說明文字。

2.在中心文字方塊（放置頁面正中心位置或分置頁面各處均可）旁邊加上幾個周邊文字方塊，用來放置次要概念，隨後再延伸出與主題相關的第三層面概念。

3.把中心文字方塊與周邊文字方塊進行邏輯串連。這時，可用一些文字闡明相互間的關係。但小心喔，文字方塊內或關係線旁，千萬不要添加過多的文字或文章！

例如：與柳橙汁息息相關的問題（參見九三頁），可改成下列圖表：

與柳橙汁息息相關的問題

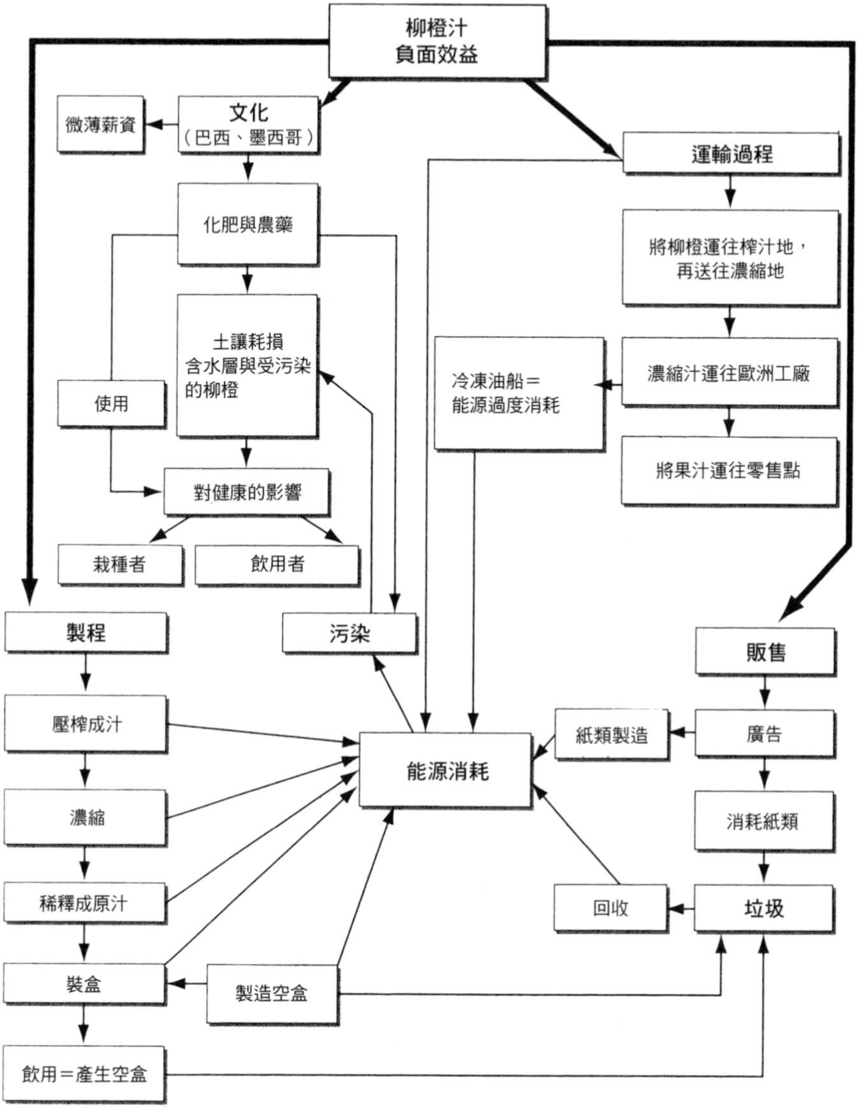

這些步驟，可使你逐步做到以下事項

★攤出問題的所有構成要素；

★將這些要素進行排序，某些因素較為重要，而某些則可列為次要；

★隨後分析主體的邏輯結構、概念與概念間的連結關係；

在實際運用層面上，大家慣用的樣式——無論是有無陰影的方形、橢圓、圓形，都可使你的問題呈現更清晰易懂。

請注意，你可將這些流程圖繪製在

★紙上。建議你使用鉛筆和橡皮擦作畫，因為清晰易懂的流程圖，並不是一開始就可以成功畫出的。

★電腦中。你有許多軟體可用，從Word入門吧！

你也可以運用流程圖來做筆記喔！（參見第一一七頁）

如何在複雜的狀況中找尋一些解決方案？

解決一個大難題，等於處理許許多多的單純小問題，處理數學、物理或文學題目也一樣的。當我們觸及到複雜的難題時，就得「以事實為基礎，進行因果探討」。

這個步驟，首先可使我們釐清情勢，藉此提出各種不同層面、足以深究的問題點。簡而言之，我們可藉此深究每個問題點到底是怎麼一回事。我們必須釐清哪些是主要因素，哪些又是偶發事件，審視思考情勢的各個層面，權衡得失。

然後，才能著手進行研究步驟。

1. 釐清情勢，才有辦法提出問題

參見第八八頁。

2. 找出對應模式

分析每個問題點的主要成因與次要成因。我們知道，問題的成因往往繁多且相互牽制，因此必須進行排序。首先將相互間的關係列出，並在某個系統範圍內明確地以幾個大方向（人、地點（城市、鄉村、生物圈）、流量（能源、物質、資訊等等））建構其組織架構。

3. 創造出可行的解決方案

在這個我們命名為「以事實為基礎，進行因果探討」的步驟中，一開始就是一種蘊含行動計畫的思想形態，我們尤其得尋找可行的解決方法，最起碼得找到中短期內「最佳的」解決方案。在任何狀況中，我們的當務之急並非找到烏托邦式、不切實際的完美方法，而是得預測、思索，究竟有哪些可能的方案可供執行。

4. 思考如何將改變計畫付諸實行

首先得先找出障礙點，找到有礙改變的抗力。解決方案需落實到實際生活面才具有意義。所有想要改變現狀者，往往都會被視為搗亂份子，書面計畫中的最佳方案，在實際狀況中卻不見得是最好的，因為我們往往低估了現實的阻礙：某些人的既得利益、生活習慣、行政管理、管理規章、習慣或害怕改變等等。

因此，我們必須尋找到可確保特殊利益且令人滿意的補償方案，才能使人願意接受改變。在這個階段中，多項計畫必須同步進行。

案例

汽車從製作過程到最後銷毀會產生的相關問題

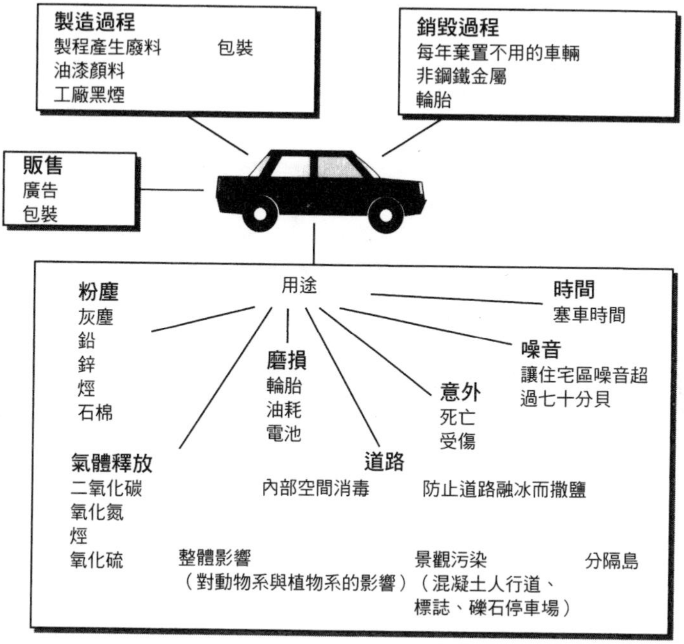

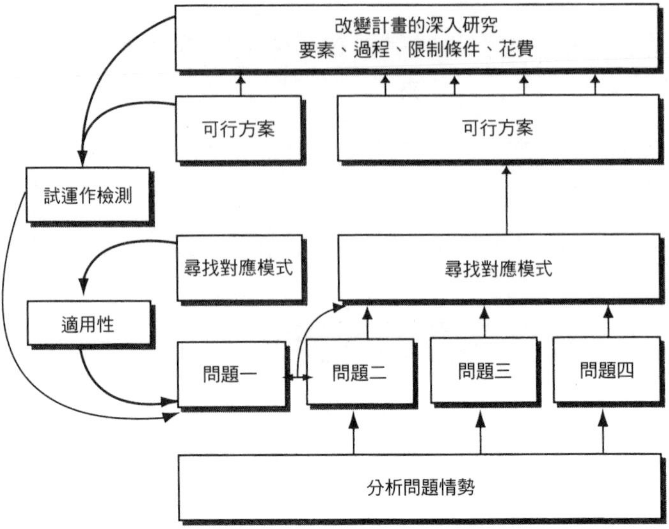

5. 必須經常進行調整修正

一推行，很難馬上成功的。因此我們必須經常針對計畫進行變更與調整，資料數據、遊戲規則均需逐日修正。重點在於：需要修正調整的是問題本身，而非解決方案，因為解決方案自將隨著情勢改變而能有所因應。在實際運作層面上，往往是牽一髮而動全身的。

你會處理自己的切身問題嗎？

我自知	改善方法
上學常遲到。	睡覺前就把隔天要帶的東西備妥，並把鬧鐘鈴響時間提早十分鐘。
總是忘東忘西的。	把需帶的文件或東西，依照科目類別列出一份清單，並把清單貼在書桌上。
手邊從來沒有可使我進步的方法。	先做預習。假如還有時間的話，還要課後溫習，書包裡隨時多放一本書，若能搭配筆記型電腦輔助唸書，那就更棒了。
我已一再複習課程，但內容就是無法進入腦袋中。	花點時間，使腦中產生一些在課堂上或影音圖資館中，所聽到或讀到的單字、動作或影像。
我無法了解題目要的是什麼答案。	花時間充分解讀指令。
書是唸了，但分數很糟。	複習的過程中，檢測自己是否真能運用已學的知識。

總犯同樣的錯誤。	學習分析自己所犯的錯誤。
很難保持專注。	進行三十秒預備動作。（參見第一五五頁）
我無法一邊聽課，一邊做筆記。	只記重點，並使用縮寫字，使用隨身錄音機錄下課程，晚上再將筆記補足。
我覺得有壓力，也不知上學有何用處。	試著了解壓力來源，並嘗試紓解壓力。
我不想上學。	找尋不想上學的原因，並確立自己的目標計畫。（參見第四一頁）
感覺時間都用來唸書了。	以挪出空閒時間為目標，重整時間規畫。（參見第一六二頁－一六四頁）

五

學會掌控資訊的祕訣

人民若能充分熟悉遊戲規則，那麼都會是守法好公民的；
但若一切都被蒙在鼓裡，那麼人民可都會變成麻煩製造者的。
——阿弗烈．索維（Alfred Sauvy）

隨著新媒體的發展、網路的日常運用，學習掌控資訊，變成一個絕對的致勝關鍵。在訊息「汪洋」中，我們必須學會自我指引方向。資訊處理在未來十年內，將成為基本學科。

當前的問題並非訊息不夠，而是資訊太浮濫了！我們該如何解套呢？

小提醒

七種待學的基本能力

(1)學會確定自己究竟需要哪些資訊。
(2)需知道到哪裡找資訊，也得知道該採取什麼方式去尋找資料。換言之，我們必須學會確認資料來源。
(3)學會適當地篩選想要使用的文件。
(4)學會盡可能速讀，並了解文件內容。
(5)學會擷取資訊重點，換句話說，需學會做筆記。
(6)學會評估文件、針對內容評論，加以分析研究。
(7)學會以宏觀的角度，審視他人提供的資料。

資料處理需歷經哪幾個步驟？

若不想在資訊大海中失去方向，就必須進行以下步驟：(1)鎖定主題；(2)搜尋適用資訊；(3)文件篩選；(4)摘錄資訊；(5)資料處理，以便與人交流。

實際上來說，這可是一系列的操作步驟呢！

步驟1：鎖定主題範疇

↓選定主題：我要處理哪些問題？

↓釐清觀念：哪些訊息是我已經知道的？哪些又是我想要知道的？

↓工作大綱：我該做些什麼？試著解題，並且確認自己需要哪些訊息。

步驟2：搜尋適用的資訊

↓資料來源：我將運用哪些資料來源？

↓搜尋地點：我要到哪裡搜尋資料？

a.家中，在自家的資料櫃裡。
b.圖書館、媒體圖資館。
c. CDI（檔案資料庫）。
d.網路上。
↓關鍵字：我可用哪些關鍵字來進行搜尋（例如在網路上或目錄中搜尋）？

步驟3：文件篩選

↓方法論：我該採取什麼方法，才能找到自己要的資料？
資料不足時：是否有其他的關鍵字，可使我在網路上取得資訊（參見第一一四頁），或是在圖書館裡找到參考資料？
資料過多時：我該如何著手進行下列事宜？
a.篩選文件？
b.將文件分類？
c.為文件加註出處？
↓資料適用性：誰能提供資訊給我？這是個有價值的資料來源或僅是個廣告？是個

歪曲現況的不實資料嗎？訊息是否已歷經證實？是經由誰證實的？

步驟4：摘錄資訊

↓我該記下什麼資訊？如何記？記下這些資訊做什麼用呢？

a. 做個簡單的摘要。

b. 做筆記。

c. 選擇例證說明。

步驟5：資料處理，以便與人交流

↓我已擁有所需要的資訊了嗎？我要如何呈現這些資料？

a. 草擬一個方案。

b. 安排一個發表的機會。

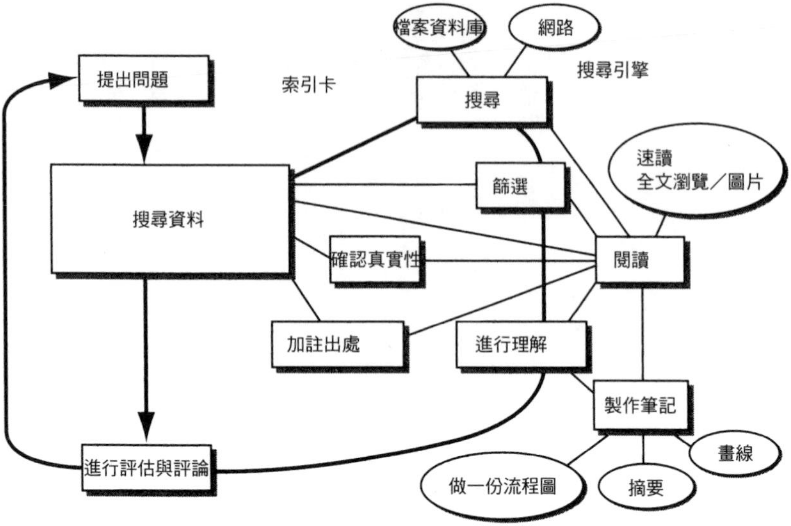

小提醒

資料處理摘要

★提出問題：藉由一個或數個問題，來釐清自己要找的資料是什麼。

★搜尋資料：進行搜尋、篩選，並檢驗資料的眞實性。當然，進行這些步驟時，均需閱讀資料，因此得培養速讀能力才行。

★進行評估與評論：進行資料處理，並經由訊息與人溝通。

如何尋找資訊？（本節特別適用於大學生）

你必須學會使用資訊，取得工具及其入門之鑰。學習尋求基本搜尋資訊，以找到文件所在位置：

❖ 當你已經擁有某本書，或某篇文章的出處書碼

在檔案資料庫或圖書館裡，你必須找出文件所在的位置。文件被歸位於0到9的十大類別當中，這是一種編碼（國際通用的十進位編碼），如同書的地址，使我們可以輕易地在書架上找到書。

這個編碼系統將人類知識細分成1到9，總共九個類別，把0當成總類。

0－總類
1－哲學與心理學
2－宗教
3－社會科學
4－暫時空白（以往語言學歸於此類）
5－科學

6－技術

7－藝術、休閒與運動

8－文學與語言

9－地理與歷史

每個類別本身又細分成十個小類。例如第五大類（科學類）又分為：

50－十位數數字所代表的總類通論（科學類）

51－數學

52－天文學、天體物理學

53－物理學

54－化學、礦物學、結晶學

55－地質學、氣象學

等等。以零結尾，代表著該類別的總類通論。例如：530代表「科學領域中物理範疇的總類通論」。

❖假如沒有書碼，那麼你就必須找到好的關鍵字，來當作基本搜尋資料

關注新聞報導

關注新聞報導，正是與每天發展的訊息接軌的表現。

關心時事的七大好理由

1. 增添好奇心與拓展思想廣度。
2. 培養批判思想，並學習如何產生自己的意見。
3. 修正自己的認知，印證課本知識。
4. 為自己的報告與計畫，找到輔證的例子。
5. 增強寫作功力，可增添字彙。
6. 可訓練自己在幾分鐘之內，從某個主題跳脫到另一個主題。
7. 活在當下、了解自己所生活的時代。

時事可為你所學的知識與日常生活，搭起一道橋樑

關心時事，可使我們發覺所學的知識是有用的，是可派上用場的。

例如：數學課學到的百分比，常會被用在有關於選舉、失業率或經濟方面的報導文章中。

相對的，我們也可利用時事為課堂上的理論佐證。

當時事與課堂知識相遇時

報章雜誌經常會提到與學校課程息息相關的主題。例如：媒體常談論基因複製工程、石油、印度或中國等議題，因此，閱讀報章雜誌，可使你獲得一些資訊，使你對自己的課程內容有更深刻的了解。例如適合各個年齡層的 Group Play Bac（www.playbacpresse.com）日報，就是針對時事與高中生所學的實用知識，作了相關連結。

同樣地，持續閱讀報章雜誌，可加強你的表達能力與拼字能力，尤其在改善語文的駕馭能力特別顯著。給你一個建議：你可依照自己閱讀到的主題，自創專屬的字彙庫，以提昇你的用字能力。

閱讀書報還能使你養成在文章中摘錄訊息的習慣。熟悉書報中常用的百分比與圖示，可使你在數學課中如魚得水呢！

因此，明確區分意見與事實、判斷訊息提供者為何人，是很重要的。弄清楚為何是由該人士提供訊息？為何在此時此刻提供？是否有特殊利益存在？訊息提供者是否可信？小心提防那些扭曲事實的不實消息！消息提供者與某個企業或某政黨，是否可能具有某種關係？

有些訊息並非新聞性質，而是一種置入式行銷。這是一種以報導方式呈現的廣告。這類型廣告必須明確標出「廣告型報導」的字眼。

相同地，個人部落格的地位日趨重要。但個人部落格中所提供的資料，仍需謹慎選用。

小提醒

如何解讀新聞資訊？

新聞的文體有許多種，訊息可分爲以下幾種性質：

- 報導性質（訪問、採訪報導）；
- 解釋性質（分析、調查）；
- 評論性質（社論、雜誌評論）。

如何在網路上尋找資料？

「在Web上正確搜尋」的十大黃金守則

1. **須知如何正確提問**：給自己明確的主題、搜尋類型與搜尋目標。

2. **掌握搜尋工具與研究工具**：網路瀏覽器、搜尋引擎、簽名管理。網路瀏覽器方面，可選用Explorer, Netscape, Safari或Fox Mozilla。搜尋引擎至少要有兩個，並搭配其他不同的方法使用。最有名的搜尋引擎為Google和Yahoo，不過，也別錯過Alta Vista。

3. **找到好的連結點**：找到相關領域中的相關連結與「專業網站」。一個可直接切入主題的可靠網址，會是個好的開始，因為好的網站管理者往往對其他專業網站的動向都瞭若指掌，他會遴選出最好的參考網站，有時還會詳加評論。因為他把時間全奉獻在專業領域的網站上了，他賭上的可是自己的專業性呢！

別忘了儲存原始資料來源。

找到專業領域的「彙編網站」與「原始版頁」。

你也可使用維基百科來搜尋資料，但可別在上頭流連忘返喔！

4. **一定要進行資訊分析**：不斷印證資訊準確度、展現批判意識。迅速地評估找到的訊息的可利用性。時時採取懷疑批判的態度，千萬不要人云亦云。

5. **在搜尋的過程中，請把一些有趣的頁面或網址加到「我的最愛」**，就算一時離題也無妨。

6. **學會限時搜尋**：別只因想要做出完美的搜尋，而不計任何時間代價，這樣反而會把自己困住了。別做無謂的堅持，事先訂定搜尋時間吧！

7. **選擇正確的關鍵字**（參見第一〇五頁）。

8. **對自己搜尋前所訂定的選擇目標、策略與指標，要能明確堅持**，才不會迷失在「無盡的抉擇」當中。並經常提醒自己，沒有一種方法是永遠不會出錯的。在網路上搜尋資料，重要的是必須頭腦清楚。假如你想要尋找愛爾蘭首要的資料數據統計單位，那麼從法國統計局及經濟研究所（INSEE）連結起，失敗的機率就會少很多，因為法國國內負責同樣業務的正是該研究所，而該網站也提供歐洲國家間對等單位的連結。

9. **妥善地搭配使用傳統搜尋工具（報章雜誌與新聞）與網路瀏覽搜尋**。別忘了，你在家就可取得資料。再幫自己準備一系列的資料夾，用來存放書面資訊與網路資訊吧！從字典中找起，也是個很棒的好習慣喔！

10. **腦筋「靈活」一點**：培養速讀能力，同步進行數個搜尋，學會從某筆資訊跳脫到另一筆資訊、變換使用各種工具，並訓練自己能夠隨時轉換閱讀不同類型的文章。

網路新聞

我們也可利用網路來掌握時事。例如你可查詢以下的網址：

1. Google 的「新聞」欄。也可以在網路上閱讀外文新聞報導。
2. 媒體網站（電視、廣播與報章雜誌）：tf1.fr, france2.fr, europe1.fr, france-info.fr. lemonde.fr, liberation.fr……這些網站均是免費的，除非你要找的是陳年檔案，自是另當別論。

你也可以把某些節目下載到你的 mp3 播放器中，利用通勤時間收聽。

做筆記

做筆記有什麼用呢？

★在搜尋訊息時或課堂上，做筆記可幫你在千頭萬緒的資料中找到重點。

★要比逐字謄寫速度要快多了。

★在做筆記的過程中，需要將資訊加以組織、概括整理，這時大腦已針對該資訊，啟動進行理解與記憶的運作。那麼隨後的學習過程，將會更容易。

★這是一種集中注意力的好方法。因為當我們做筆記時，絕不可能光聽老師們怎麼說，就一字不漏地記下來，我們得專心，才能找到重點加以記錄。

做筆記是個習慣問題

剛開始，做筆記並不是件容易的事，是需要練習的。在做筆記之前，先得自問，為了什麼目的而做筆記：

↓做筆記，是為了想要擁有完整的上課資料，足以應付考試而作準備的嗎？

↓是為了提出計畫報告，或是完成某項作品嗎？

依據狀況不同，做筆記的方法是有所差異的。

為了應付考試而做筆記

❖使課程綱要的結構更凸顯

建議：依據標題的層次性，使用不同的顏色、編號，或畫線方式標記。

❖把頁面寫得稀疏一點

段落之間多空幾行，留點空白處……重讀時或是需要增添文字時，較為容易。

❖把待記的重要觀念明顯標示出來

❖使用縮寫字來進行速記

❖綜合統整

換言之，以更精簡、不漏失資訊的方式，針對課程內容進行重整。

❖必背的資訊，一定得寫在筆記裡

內容綱要、定義、日期、數字、公式、名字、語錄、主要觀念……

❖使用關鍵連接詞

省略關鍵連接詞會使你喪失句子的原義。適用的連接詞如下：然而、因為、之後、由於……

❖記下老師的講解說明過程與圖示

回家複習時，可使你更了解課程內容。

為擬定報告而做筆記

依據報告綱要結構，準備一系列的活頁紙張。

以你所準備發表的報告綱要為中心，把你在文件中找到的想法記下來。

重點畫線，以你的報告內容為中心，把一些想法串連起來。

假如學校允許的話，可以試試看以下的方法：

★假如課程或報告很密集或內容複雜，別遲疑，把課程錄下來吧！如此一來，你將可重新掌握重點，或弄清楚那些不甚了解的章節。除非你完全不懂，否則千萬不要重頭聽一遍，要不然你會耗費太多時間的，一個小時的錄音內容，平均得用三個小時的時間來聽寫呢！

★馬上採取行動，用電腦直接記筆記吧！不過，得先訓練自己的打字速度，以及電腦頁面間的搜尋速度。

幾個做筆記的建議

★一進教室就把工具拿出來，如此一來，當老師開講時，你將萬事具備了。

★自創用來區分主要部分與次要部分的框線顏色密碼：

↓例如：以紅色、橙色、藍色、綠色的順序，分別標示出大標題與次標題的重要順序。

↓留下黃色來凸顯句子、公式及重要主題。

★自創版面配置，使頁面規格統一。

★與其使用畫線刪除，還不如當機立斷地使用力可白，把不要的句子塗掉。

★倘若你使用活頁紙記錄，那麼請隨手將活頁紙依序編上頁碼，放置在文件夾內，這樣才不會亂成一團。

★當晚重讀自己的筆記，利用這段時間檢視下列事項：

↓確定自己寫的東西，自己看得懂（字跡與內容）。

↓補上漏寫的部分。

↓找出重點。

別做下列事

★別抄隔壁同學的筆記，就算你的抄寫速度跟不上課堂進度，那就先留白，稍晚補上。課程上到哪裡，就從哪裡開始記起。

★不要逐字記錄老師說的話，除非是老師要你這麼做。

★字跡別太潦草，總不能潦草到課後連自己都看不懂吧！

★不要坐在教室後方位子。尤其你本身若有視力障礙、聽力問題或專注力不集中的毛病，就得盡量往前坐。

★還有，可別把自己弄到筋疲力竭，才進教室上課喔！

⑥ 學會如何「推銷」自己的想法

經過理解、構思透澈的內容，自能清楚地呈現出來，
那些用字，自能信手捻來、不費吹灰之力。
——法國詩人尼古拉·布瓦洛（Nicolas Boileau）

一句精簡話語，遠勝長篇大論。
——拿破崙

「學會『推銷』自己的想法」，在教育的範疇內，似乎是一個令人傻眼的標題。然而，成功的求學歷程，也意味著學會「使別人欣賞自己的能力」。因此，我們得學會表達，尤其得知道如何據理力爭。

在書面表達方面：我們必須學會呈現工作成果，按部就班地擬寫報告。但是彙報、論文、評論概要、評論報告、作文，各種不同類型的文章又該怎麼寫呢？

在口語表達方面：須知會談報告是不可避免的，在許多行業中，口語報告能力屬於專業關鍵能力之一。影像科技的運用（架設個人網站、Power Point簡報類型的演說），使口語解說能力更顯重要。

無論在書面報告或口語報告中，該如何做才能提出具有說服力的適當論點呢？

如何正確地撰寫文章？

一篇結構嚴謹的文章要表達的意念，必須以邏輯的方式環環相扣，毫不含糊其詞。想要寫出一篇嚴謹的文章，你得做到以下五個步驟：

1. 明確界定題目範圍

針對自己想要呈現或證明的主題自行提問，釐清問題的提問方式，以及預計完成的目標。仔細確認文章的讀者群會是哪些人？限制條件又有哪些？（頁數限制參見第一三〇頁）可運用的時間等等。

2. 搜尋資料

這個步驟可使你列出問題清單來。換句話說，搜尋資料可使你在進入提筆作業前，明白有多少相關資料需要處理與了解。

若不想被資訊淹沒，你就必須以功課目標為指標來篩選資料。

3. 擬定工作綱要

擬定工作綱要可使撰寫工作處於最佳狀態。花在草擬工作綱要的時間，會在撰寫時迅速贏回來的。工作綱要亦需附註作業需完成的時間。例如：

→撰寫論文：計畫用兩個星期完成一個章節，其中一個星期用來閱讀資料，三天用來撰寫論文內容。

→撰寫作文：預計使用半天時間完成一段文章，用一整天完成最後結尾部分。

4. 擬定文章基本架構

文學報告的傳統架構，主要包含以下四個明確部分：

(1)導論
(2)申論，通常再細分成兩個部分
(3)結論
(4)附錄

科學書面報告架構如下（參見第一三一頁）：

(1)導論
(2)材料與方法
(3)結果
(4)深究探討
(5)結論

5. 動手撰寫

撰寫報告的文筆及其內容均需精心拿捏。你不能一廂情願地認為，報告內容才重要，因而將文字品質棄之不顧。因為：

↓這兩個層面互為表裡。例如：將「和 et」寫成「是 est」，會改變句子含意的。（譯注：法文的 et 與 est 音相似，拼字亦相像。）

↓假如閱讀者或是評分者需要耗費心力，才能看懂你的報告，那麼他們對文中的內容專注力將會降低。別忘了你的閱卷者可能有兩百份報告得改呢！減輕他的工作難度吧，他會很感激你的。

撰寫建議

★精心處理導論與結論。好的導論，會給讀者留下良好的第一印象，而這個絕佳印象很可能持續很久！好結論，可使他在打分數前擁有很棒的最後印象。

★寧可用簡單但正確的句型寫作（主詞＋動詞＋受詞），也不要使用錯誤連連的長句。

★剔除拼字錯誤，才不會遭致無謂的扣分。不寫錯字，可使你的閱卷者感受到你的嚴謹。（也感受到你對他的尊重！）

★撰寫經濟、歷史、地理等學科報告時，請用現在時態或過去時態，千萬別使用未來時態來寫作。

★撰寫哲學報告時，盡量呈現你的推理邏輯，正如你解數學題一般！

★語氣略帶保留，世上沒有絕對的黑或絕對的白！

★不要使用「我認為……」這樣的句型！除非題目明確要求，否則千萬不要下個人評論。

設身處地為你的讀者想想！使他們萌生閱讀的渴望吧！

誰是讀者呢？讀者期待我提供什麼呢？

我的報告中，有什麼是讀者非看不可的呢？什麼東西能使讀者感動？

我該怎麼做，才不會把讀者給惹毛了？

……

如何撰寫報告？

各種報告自有格式！

你可能必須繳交不同類型的報告，先確定人們要你做的是哪一種類型的。通常有以下幾種：

1.評論概要：針對某一個狀況或事件、某篇公開文章抒發意見。這類型報告約占一頁篇幅。

2.評論報告：針對某個事件或活動、某篇文章寫出較為詳盡的描述。篇幅約為兩、三頁。

3.論說論述：這是一種用來了解分析學生思考能力的學校作業。老師會要求學生（中學生或大學生），針對一句語錄或某些觀念，依照特定的評論分析流程撰寫文章。文章往往需呼應到某個潛藏的問題點，並套用正論、反批、總結的辯證術綱要，加以延伸闡述，篇幅約為五至八頁。

4.匯整報告：這是一種描繪某個情勢、某些事件或狀況的資料報告。這類型的文章更需「挑明問題點」，總篇幅約為十幾頁，需有一份摘要。

5.期刊報告：這是一種預期要發表、呈現研究成果的文章類型，篇幅介於四至二十頁不等，需包含雙語摘要簡介與關鍵字說明。

6.學術論文：這是大學生在大學學業結束前，為取得文憑（學士、碩士、博士）所必須完成的專業領域（科學、文學、經濟）研究成果報告，份量需數十頁甚至超過百頁，格式上需有總結論述與附錄。

如何撰寫科學報告？

每一類型的文章都是有撰寫規矩的。學著點吧！科學報告都有以下這些老套的步驟：

❖ 1.導論

僅用幾行文字做介紹，但需明確點出問題、目標以及研究動機。導論中，可事先預告處理問題時所採用的方法。

導論中需列出研究範圍的所有明確資料（資料來源、參考書目的選擇標準），亦需強調補充研究的必要性，彷彿補充研究說明也是文章重點。

有些出版編輯會建議作者，在書中導論就向讀者透露，實驗的重大結果與研究結論。

❖ 2.材料與方法

提供執行研究的細節資料（研究地點、研究對象、取樣技術、實驗設備與方法、理化分析技術，或統計技術、附屬裝置等等）。

你需提供充足的資訊，好使任何一個有能力接手進行研究的人，都能順利地接續進行。

❖ 3.結果

以描繪事實的方法，清楚地呈現你的實驗成果，最主要強調的是具有象徵意義或正面的結果。

以圖形來呈現內容（程序方框圖、「控制化」流程圖、圖形、概要表格）往往優於單純的文字鋪陳。

❖ 4.深究探討

篩選事實與結果，以呈現其象徵意義。藉由嚴謹的數據分析，並將各個數據關聯性相連結，可使你想要表達的重點凸顯出來。

將你的實驗結果，與他人進行的結果相比較，會是個不錯的分析方式，或將你的實驗結果置入更普遍存在的場合中加以分析也不錯。把這部分的文章描述再細分成幾個小部分：第一部分列舉出實際狀況；第二部分針對這些狀況進行探討，討論內容自然會導出一些間接性的結論，而這些小結論則可當成第三部分的重點。

你必須具有說服力，因此為了避免產生模稜兩可的立場，在單純的書面報告中，最好不要同時擁有太多的想法。

❖ 5.結論

就算結論並非是摘要，但你還是需要在這個區塊中，簡明扼要地重述思想的起承轉合。最後，再列舉你的提議，作為整個報告的結尾。

導論與結論都得精心拿捏，因為這兩部分是用來吸引讀者閱讀的「誘餌」，在導論與結論中，需提出一些問題或是反應出某種不合常理的狀態，才能吸引讀者閱讀報告內文，針對導論與結論中的問題加以深思。

動筆寫就對了

一旦寫作大綱建構好了，寫作工作就彷彿依照著導線般的綱要編排，把你的想法按部就班鋪陳。在研究工作尚未完全結束前，就該動手撰寫了。

寫作的「祕訣」無它，寫就是了，把空白頁面覆蓋上有意義的文字吧！讓工作綱要與寫作大綱引領你。但別忘了論點一針見血的重要性，因為：

★就你的立場來說，有人想要閱讀你的報告，這份報告才有價值；

★就讀者而言，他會希望在不浪費時間的情況下，迅速地獲取資訊。因此，有話就直說吧，別拐彎抹角了！

若是寫作過程感到吃力（覺得疲累），那麼，最好挪一些時間，從事可使你較為放鬆的活動（種種花、洗洗碗盤、整理家務……）。在這段休息時間中，你的大腦將會進行重整工作。

如何籌備口頭報告？

口頭報告的準備

進行口語報告，可不是說說話、證明自己存在就了事了！口語報告正是善用說服力，以表現出自己的能力不凡，這一切可都需要事前準備呢！

❖ 1.決定口頭報告的題目，以及你想要傳達的訊息。可為以下幾個方向

★提供數據資料。

例如：介紹某位藝術家、有名的政治人物、特殊的科技、運動、某領域的現況等等。

★發表某個議題，呼籲大家注意：

例如：臭氧層的破洞、氣候暖化、死刑、中國的經濟發展等等。

★回答問題：

例如：衛星導航系統有什麼功用？如何使用？

❖ 2.充分解讀老師出的題目，並界定題目範圍

★狀況一：老師提供研究題目

例如：介紹一種新的經濟型態

↓你先找出一個特殊的主題。例如SEL（地區性以物易物服務）的經濟模式。

↓你再次審視確認該主題，是否符合老師所要求的條件限制。

↓隨後鎖定主題核心。

↓這樣的模式將會使交易有何演變呢？錢幣的未來呢？

★狀況二：你自己提議進行某項研究

↓你需找到一個使你始終掛心、很想要研究的獨特主題。

↓你需事先仔細確認，自己能夠在限定的時間內，找到足夠的數據資料。

無論在上述哪一種狀況中，你都必須做到以下事項：

↓界定主題範圍：哪些是超出範圍的論點？我的老師期待我給予多麼詳盡的報告？

↓準備時間與發言時間，都需明確限定。

❖ 3.先草擬第一份綱要，儘管隨後你勢必要調整修改

這份綱要將指引你，以免你在研究過程中失去方向。

★清楚地在綱要中區分主要概念與次要概念，是很重要的，這樣一來，可使你清楚架構報告的步驟，使工作變得輕鬆容易些。

★你可借用記者們慣用的五大提問法（五個W）來擬定綱要，換句話說，你必須能夠回答以下問題：誰將參與？何事？何地？何時？為何做？（可能的話，再試著回答：如何做？）針對以下幾項詳加說明：

↓關係到什麼人？屬於哪方面的問題？

↓發生地點？

↓發生時間？

↓為何會發生？

↓如何發生的？

↓這一切改變了什麼？

❖ 4.尋找與主題相關的資料，並依照資料重要性加以排序

重新審視報告綱要，重擬報告內容。盡量寫少一點（因為不是書面報告），你該寫下的是：

↓明列細節的大綱（大標題與次標題）；

↓例子與轉換話題的銜接詞；

↓導論與結論。

這樣就夠了，剩下的附加說明，你必須謹記在腦海中！

進行口頭報告的幾個建議

★使報告內容清晰易懂，一開始就先介紹報告內容大綱。

★試著找到一句聳動的話語，吸引聽眾的注意力。

★整理好你的筆記和文件。

★直接對你的聽眾們報告，盡量少讀你的講稿。

★目光落在你所有的聽眾們身上，而非只盯著你的老師！不要死盯著講稿，或是低頭看著鞋子報告。

★穩重地發聲，使整個教室都能聽到你的聲音，但不要大喊大叫。你的語調必須抑揚頓挫，必須高低起伏，彷彿正在跟朋友說話，彷彿想要說服朋友接受你的想法，單調的語調會使人昏昏欲睡的。

★循著自己的指導手冊進行：須有報告綱要！即興演出是絕對禁止的。從精心設計的開場白說起吧（這樣做可使你放下心中大石，也能藉此機會簡介綱要大綱）！三不五時瞄一下放在桌上的筆記和手錶。還有，就算緊張萬分，你還是得提防意外事件發生：你很可能會緊張到忘了把你花了兩個小時精心繪製的海報帶到現場呢！

★不要在定點上不動：多走走、擺動一下身體，當然也別讓聽眾轉得頭昏眼花了！你有權在演說時，添加一些手勢或稍微移動位置。

★別忘了要事先預演！在鏡子、朋友或是攝影機前，從頭報告並加以計時，至少兩次。隨後，要多預演幾次開場白，使自己安心。

報告前與報告時注意事項

準備口頭報告時，內容最好不要寫太多，因為假如你把一切全寫在紙上，那麼你會很想照著唸；若把內容一字不漏地背在腦海中，你的聽眾會很快進入夢鄉的。直接了當地表達出最具說服力的論點，當然，你對那些事先備妥的論點，可得記得一清二楚喔！

該做的	(1)切記，前三分鐘是鎖定聽眾的關鍵時刻。 (2)預先安排轉折詞，使各個部分流暢銜接。 (3)在任何一場口頭報告中，都得把複雜的詞彙先解釋清楚。
不該做的	(1)通篇抄襲書中文章或網站貼文，而且不做任何解釋，也不提供文章出處。 (2)列舉出一堆數字與日期，卻不加以解釋。

❖報告時注意事項

↓注意口頭禪（「當然」這類型字眼連用五次，是會使人感到厭煩的）；

↓一些無用的句子，會使你的演說內容顯得沈重乏味（例如：「我想要說的是、可以確定的是、的確」）；

↓小心「怯場」小動作（抖手、咬指甲、撩撩右耳等等）；

↓集中注意力，盡情發揮吧。黑板、投影片、簡報都是你的，今天你才是老師（差不多算是了啦），把握機會，好好表現吧！使你的演說充滿生命力。

❖怯場時怎麼辦？

臨陣時你會怯場嗎？深呼吸幾次吧：排空你肺部的氣，再用空氣「淹沒」整個肺葉，然後，微笑上陣吧！（參見第一八八頁）

如何進行團隊報告？

團隊報告前

★不要露出你看我、我看你的神情。

★事先分配好每個人要發言的時間點、發言時間與表達的方式。

★可能的話，每個團員各自負責不同的工作：有人負責發言、有人負責表演、有人負責提供圖示與例子……

★在報告進行前，全體再排演一次，以進行最後調整，以免超過限定報告時間。

★最後，遵守團體工作的規則。要有心理準備，衝突是不可避免的，無須試圖消弭衝突，試著找些適當時刻，把問題攤開來討論，與其自己唉聲嘆氣，還不如想辦法超越困難。要不斷地討論出「最高竿的意見」，而非達成沒有主見的共識！

加分道具

★使用影片、投影片、圖表、海報、圖畫等小道具，來為你的演說增色，這些工具可在演說中派上用場，但千萬別沒事就搬出來炫！

★事前確認你所需的器材均已到位，別忘了電線喔！報告前二十分鐘先插上電，確認線路運作正常。器材可能會臨時出狀況，因此你得有備案，使自己在沒有輔助工具的情況下也能完美演說！

★假如你使用 Power Point 進行簡報，那麼偶爾得使螢幕「反黑」，使焦點回到你的身上，你總有一些重點需要詳細解釋吧！每張投影片的文字不要超過三十個字！

★假如你沒有「科技產品」可用，那麼你也可以把圖片、相片、圖表黏在厚紙板上，別忘了把圖像放大，或是將圖片遞給聽眾傳閱。利用這些圖片海報來說明，並吸引師生注意力，效果奇大無比，還能堅定自己的說詞呢！

★一個簡單的小絕招：音樂！雖然不見得都能派上用場，但假如在進行與美國或石油相關議題時，以美國新潮流行樂當背景，或是在介紹佛洛伊德時，來點華格納的音樂，這樣不僅會使大夥兒耳目一新，也會使大家更專心（老師也會很欣賞你這種具有臨場感的用心安排）！

如何提出論證？

完整的論證結構蘊含著數個「證明論據」（或是數個前提），以及一個結論。證明論據正是用來說服聽眾接受結論的理由，因此，在演說結束前，必須將結論與證明論據進行連結，才能呈現出邏輯感。

假如，論證中各個證明論據，均可使人接受或已使人接受，並且被評斷足以導出結論，那麼，這樣的論證就具有說服力。

然而，沒有任何一個論證是百分之百有效的，端看我們想要說服的對象是誰。一個「好的」論證之所以無法說服某人，可能有以下因素干擾：先入為主的觀念、個人利益、對特定領域不甚了解、盲目的死忠態度、你的說詞不適當……。

你需常常自問，想要說服的對象是誰，該用什麼方法說服他呢？

舉例：核能發電廠是否有危險性？

假如你想傳遞的觀點是：應該停止在世界各地興建核電廠，那麼，你有以下幾個步驟需要進行：

提出證明

核能電廠並不穩定：已發生過數次嚴重程度不等的意外，對當地民眾造成威脅。例如：一九四五年洛斯．阿拉莫斯研究室（Los Alamos）研發出第一枚原子彈、一九七五年義大利布雷西亞（Brescia）興建核能電廠、一九八六年蘇俄車諾比事件（Tchernobyl）、一九九二年中國大陸慶州興建核能電廠。

你可用一個非常令人深省的例子，來強調意外所造成的嚴重後果。你可針對車諾比災難詳加介紹，例如在白俄羅斯（Bielorussie）、俄國、烏克蘭（Ukraine）等國，罹患甲狀腺癌的孩童人數持續增加，其他嚴重性較低的意外簡略帶過即可。

隨即介紹資料來源，並列出數據資料。

提出辯證論點

→核能電廠所使用的放射性燃料，在運送時是相當具有危險性的，在儲存方面也相當棘手、耗資巨大：一九九九年奧斯陸公約（La Convention Ospar）報告中指出，法國科加瑪（Cogema）核廢料處理廠鄰近地區的拉阿格角（La Hague），具有輻射反應。

➔就長期而言，核能電廠會危害周圍環境的生態發展。例如：造成隆河（Rhone）水溫上升，某些魚種與樹種瀕臨消失。

➔其他說明。

重新強調最初訴求來作為總結

最後，提出一系列的解決方案（凍結核能電廠興建案、逐步關閉世界上的核能反應爐、尋找替代能源），邀請大家共同討論。

七

整理筆記、管理時間和環境的方法

思想，是大腦組織後的產物，正如生命是分子組織後的成果。
——法國生物學家芳斯華．賈克柏（François Jacob）

無論是在課堂上或在家裡，一切（幾乎全部的事）都不要太隨性。把事情打理得井然有序，你將事半功倍。想要把書讀好，當然就得變得非常獨立，不僅要學習新的紀律常識，還得學會執行。

使自己適應各種不同類型的教育訓練（大學名校考前預備班、大學教育、技師證書課程、職訓、專業證書考試、技術學院……）是很重要的。因此，我們得學會在新的生活中自我管理，使自己在各種不同類型課程（一般課程、個人指導課程、實習課程）的環境中，都能學習、都能做選擇、學會抓住機會表現自己。

為什麼需要針對自己的功課進行規畫呢？如何創造自己專屬的時間表？學業大綱要如何執行呢？要如何安排才能通過考試？才能即時繳交作業跟報告？最重要的，該怎麼做課前準備呢？

「投資」自我的學習，就是在今日花費少許，期待能藉此在明日賺回許多。本章節重點在鼓勵你投資些許的時間與精力用來自我管理，好使你能在未來贏回許多的時間與精力。

學習上的組織管理

課堂上：必須完成三分之二的課程

❖ (1)進教室上課前，先使自己一切就緒

若想使自己專心聽講、充分吸收課程或實習課程的內容，那麼，你得做到以下幾點：

↓擁有可幫助理解的計畫與想要學習的決心；

↓想像所學的知識之後將會在哪些場合派上用場：是用來應考？還是撰寫報告呢？

❖ (2)專心聽講才能通盤了解

勤做筆記（參見第一一七頁），並做到以下幾點：

↓以5W發問法自問：誰、什麼、哪裡、時間、為什麼（Who, What, Where, When, Why）；

↓找到課程綱要、重點與銜接點；

↓將該堂課內容與前幾堂課建立連結，並說明為何與其他課程無關。

例如：歷史課與法文課均會提到啟蒙時代的哲學家。生物課、物理課與經濟課都有能

量議題。

❖ **(3)參與課堂活動，這樣才能使頭腦保持活躍**

↓回答老師的問題可幫助你保持專注力，才不至於呆坐在椅子上，漸漸入睡……

↓無論是提問或回答問題，均可使你的大腦啟動理解機制，並努力記住資訊。

❖ **(4)執行三十秒預備動作，在快下課時，為整堂課做個簡單的回顧複習（參見第一五七頁）**

這樣的回顧複習不僅能使你把課程主旨，與兩、三個待記重點記在腦海，還能使你發現自己不甚了解的部分，使你回家之後針對弱點多加補強。

晚上時間：自我妥善安排以提昇效率

❖ **(1)一回家就稍做放鬆，但並非隨意放鬆**

在上完一天的課之後，給自己半個小時的時間喘口氣，但不能超過喔！吃些點心、沖個澡、躺一躺、聽點柔和的音樂……但可別在這個時候打電動玩具或看電視。

❖ **(2)今日事今日畢，做一些速記卡**

首先，在腦中回想一下當天課堂中所聽到的內容。

隨後，進行以下步驟可使複習工作易於執行：

↓補足課堂筆記遺漏的部分。

↓用畫底線、框線、螢光筆標記的方法，來凸顯重點（綱要、日期、表格、定義……）。

↓試著把課堂上沒聽懂的部分想清楚。

↓製作課程速記卡。

❖ (3)完成「預備動作表」

你可利用這張表格，來規畫未來要進行的工作（小考、口頭報告、待讀的書、要交的報告……）將籌備時間分配好，才不會使自己在同一天晚上處在報告未完成、考試未複習的狀況中！你可在 www.coachcollege.fr 網站上下載表格。

❖ (4)為第二天做準備

針對隔天要上的每堂課程，重讀前次做好的速記卡，或是在腦中稍做回想。這樣一來，可加強記憶效果，也可使你更能跟上課堂進度。

假如你的速記卡做得很好，那麼，重讀的工作只需花你一、兩分鐘罷了。

❖ 多做試題的好處！

做練習題是學習的一種好方法，可使我們檢測自己是否已全然了解？是否能將知識運用自如？從另一個角度來看，做練習題也可幫助我們發現自己未了解的地方。

假如老師沒有給習題，那麼，自己從去年的考題或是歷年考古題做起吧！假如手邊沒有考古題庫，那麼，自出考題也是個很棒的作法喔！

最起碼，要試著從記憶中回想課程重點，可能的話，對著朋友或親人把課程重點重述一遍。

週末：也要妥善安排，才能盡情享受休閒時光

❖ (1)利用週末來評估未來的工作量

利用你的行事曆與「預備動作表」（參見第一五一頁），可使你評估未來有哪些工作要做。

你可在週末分配工作量，如此一來就無需忍受所有待做事項全擠在一起的窘境。你也將更有效率：

↓才不會到了星期天晚上六點，才發現自己還有個小考要準備、有個報告要交，到最後只能匆匆忙忙地趕工、草草交差了事；

↓你能更善用時間，使自己從容以對。

❖ (2)清楚界定讀書時間與休息時間

↓依據你的限制條件，精確地決定出讀書時間與休閒時間。

↓計算出每項工作需要的作業時間，經常看錶，使自己即時完成工作，這樣一來，可保持專注，避免胡思亂想、注意力渙散，還可額外贏得休閒時光呢！

❖ (3)迅速複習小考內容

利用週末準備小考，可有下列優勢：

↓擁有足夠的時間尋求解答、在網路上或前往檔案資料庫尋找所缺的資料；

↓才不會在考前前一晚臨時抱佛腳，又和其他待做功課擠在一起，忙得焦頭爛額。

利用週末準備考試，不僅壓力較小、也可獲得更高的分數。

❖ (4)使自己進度超前，可使未來的一週內功課較為輕鬆，尤其是當你有許多報告或作業要交的時候

把未來一週要做的工作預先做完，至少有以下兩個好處：

↓使未來一週擁有更少的工作量、更多的休閒時間；

↓擁有足夠的時間，毫無壓力地處理突如其來的緊急工作。

❖ (5)做個盤點結算吧！

週末是針對以下事項進行盤點結算的理想時刻：

↓針對自己本身；

↓針對前一週（自己學會了什麼？可在哪些地方派上用場？）；

↓針對計畫目標與實際進度之間的執行落差（考試、交作業的時程）。

小提醒

趁印象深刻複習待記資訊

假如你有一些大、小考試需要面對，那麼提醒自己：重複提供同樣的訊息以供記憶，可使記憶力達到最佳運作狀態，因此可在以下時間點，趁印象深刻複習待記資訊：

★剛學到新知識的十分鐘之後（課堂結束前的三十秒預備動作，正是加強記憶的好時機！）。

★當晚或二十四小時後。

★當週週末。

記憶程序，不僅是將資訊放進記憶體中，還得能夠將這個訊息叫出來才行。

三十秒預備動作

目的？

無論是在家裡要開始唸書前，還是剛進教室上課前，利用三十秒的時間使自己進入狀況、集中注意力、啟動了解與記憶機制，可使自己動力更好、效率更高，反應更迅速。

如何進行？

利用三十秒的時間（無需超過），看一下需要完成的工作有哪些？想像自己已正在讀書，如此一來，可使你集中精神、進入讀書狀態，也可使你想想課程與功課中有哪些項目需要完成。

為什麼要這樣做呢？

★事前籌備工作有助於啟動大腦，有點像是運動前需做暖身操一樣。

★使自己迅速進入讀書狀態，有下列好處：

↓不浪費時間，也因此能贏得更多的休閒時間；

↓以免自己東摸西晃，耗了十五分鐘，都還沒進入狀況；

↓不處於被動；

↓學會自己期待學到的東西。

依據不同狀況，利用這三十秒時間，自問的題目也有所不同

❖ 1.課堂中

↓我想要在這堂課中學到什麼？

↓如何將這堂課的內容學以致用？

❖ 2.應考前

↓關於前幾堂的內容，我已記住哪些訊息？

↓老師究竟希望看到我交出怎樣的作業成果？

↓上次哪裡考壞了？

❖ 3.晚間複習時

↓哪裡是我該改正的地方，哪裡是我該避免犯錯的地方？

↓我該做什麼？

↓關於未來的讀書時間，我是否已訂好了特別的目標？

↓我該特別注意哪些地方？

❖ 4.週末回顧複習時

↓我是否跟上自己的計畫進度？

↓我主要的障礙有哪些？

↓特定科目中，有哪些地方使我不感興趣，我為何不喜歡某位老師？

↓就算我對課程主題不感興趣或課程內容很難，我該怎麼做才能使自己專心一點呢？

三十秒預備動作，也可運用在下課前！

三十秒的時間很短暫，但是非常有用。試試看吧！剛開始會有點難，但你很快就會發現真的很不一樣！

↓這是行得通的。因為這種短暫的回顧，可幫助你的大腦針對剛接收到的所有訊息進行組織架構，使記憶更容易運作。

↓這是解決「我什麼都沒聽懂」這種錯覺的最好良方。

❖下課前，該利用三十秒提問的問題

↓整堂課探討的是什麼？主旨為何？

↓列出兩、三個重點。例如：主要概念、重要理論、公式、定理、日期、姓名、需要背誦的定義……

↓我不了解哪些部分？課堂中哪些部分又是我該深入了解的？該如何做？可找誰一起研究？在哪裡進行呢？

進行三十秒預備動作來幫助學習

預作準備，可使你的生活過得更輕鬆愉快！假如你不再為了趕進度、像隻無頭蒼蠅忙得灰頭土臉，那麼你將更值得信賴、記憶變好、壓力變小……

❖可幫助記憶的預備動作

在開工前（無論在家裡或是學校），利用三十秒時間（參見第一五五頁）瀏覽一下課程計畫，使自己清楚即將閱讀或聽講的內容是到哪部分了，使大腦先進入工作狀態。

下課前，預先整理總結一下，找出自己已了解與不懂的部分。

應考前，需先自問老師期待哪些標準答案。記憶力自會按部就班運作、盡可能使所學派上用場。你也可安排時間預先準備以應付可能出現的考題。

著手撰寫報告前，採取預備動作，可使你構思出一份工作綱要。

❖預作準備，以提高本身行動效率

進行預備動作可使自己馬上進入讀書狀態，避免自己拖拖拉拉、虛耗十幾分鐘。

★使大腦處於專注狀態。

★可利用準備時間，針對資料搜尋步驟或複習進度，加以規畫。

★可事先為每項活動安排時程。

例如：

利用十五分鐘記憶這篇文章。

利用三十分鐘上網搜尋一些資料。

利用一段午後時間，寫完這篇報告或作文。

❖預作準備，以避免壓力高漲

預作準備，等於妥善管理自己的時間。可使自己多挪出一些休閒時間，也避免使自己在最後一刻遇上突發狀況，因而措手不及。

運用一些小工具，幫你預作準備吧：「預備動作表」（參見第一五一頁）、時間表（參見後頁）、行事曆。

預作準備，是將自己置身於未來，這樣才不至於使自己遇到狀況時來不及反應，而只有挨打的份。這意味著懂得自我規畫，明白自己要的是什麼。

預作準備＝採取行動	事先贏得＝利益所在
前一晚先備妥自己的東西與必要材料。	贏得更多的時間可用來睡覺、好好吃頓早餐，或使自己從容準備，不至於遺忘任何東西。
一停止複習或完成報告，就把書桌整理乾淨。	使之後每次的學習，都能馬上愉快地進入狀況。
上課前先把文具拿出來。	當課程開始時，若早已準備妥當，可使大腦馬上運作。
晚上，重讀白天的課程，使課程內容重回腦中。	記得更牢固。
每晚自製速記卡。	製造速記卡的同時，已啟動記憶機制，將可節省複習時間。

妥善安排複習時間。	提高效率，必要時，還有多餘的時間，可向老師請教詳細說明或建議。
想像考題。	藉由考題加以學習。
安排資料搜尋步驟。	事先知道自己要找哪些資料，以及哪裡可找到資料，可避免浪費時間。
為即將執行的工作做事前規畫。	可先將往後用得上的資料儲存備用。
為待交的報告妥善地安排時間與工作綱要。	進度超前，可使自己遇上額外工作或突發狀況時不至於驚慌失措。
利用時間表與行事曆來管理自己的時間。	能夠擁有時間使自己放鬆一下：不再有那種被功課壓垮的夜晚與週末了。
管理自己的睡覺與休閒時間。	大腦較不容易疲累，使學習速度更迅速，更能輕而易舉地跟上課堂進度，使自己在安排待交作業時，更能進入備戰狀態。

如何創造自己專屬的時間分配表？

試著注意自己實際上是怎樣運用時間的

1.利用一、兩個星期的時間，把自己真正執行的所有事情，全記在行事曆上。記下你的工作時間與工作類型：上課、整理筆記、做習題、複習、蒐集資料……還有你的休息時間，也要記下來喔！

2.然後看看自己花了多少時間唸書，又唸了哪些書。試用以下幾個問題自問：

↓我花了多少時間用來整理筆記、做習題、複習、預習？

↓我的讀書學習方法是正確的嗎？

↓我把時間浪費在哪裡了？利用什麼時刻學習，能使我真正專心一意地唸書？我花了多少時間坐在書桌前發呆？

↓我該利用何時來改善自己的讀書方式？又該怎麼做呢？

創造出專屬自己的「最佳」時間表

1.先記下所有固定的事項：上課日與上課時間、睡覺與休息時間、課外活動與通勤時間。不要藉口想要節省時間，而刪除一些課外活動、與同伴一同嬉鬧活動的時間或休息時間，因為這些活動都是必要的，有助於減壓，並且可使工作更具效率。

2.界定出自己需要執行下列工作的時間：把課程筆記整理好、做習題、作業！把這些工作列入你的夜晚與週末行事曆當中！將每份工作都訂定確定工作時間，可避免自己呆坐在書桌前做白日夢。

慢慢修正調整時間表

注意！你絕對不會一開始就按表作息的，這是很正常的。你需利用數個星期，來慢慢修正調整。做出自己的時間表，可使你確定自己花了多少時間上課？花了多少時間複習？又給自己多少休閒時間？

做出時間表的三大好處如下：

小提醒

時間分配小祕訣

每天預留三十分鐘的空白時間，每個週末預留一個半小時，以預防突發狀況。

★不會再有那種捱時間的討厭感覺了。真正能夠使自己成為生命的「創造者」。
★行事更有效率、減少無謂流失的時間。
★不再覺得自己成天到晚只是在唸書。

小提醒

找出虛耗掉的時間！

利用這些時間，從事像機械般重複的工作。思索一下如何更妥善利用時間，從通勤時間開始著手吧！你可以利用這段時間，想一下課程大綱、重看速記卡、用你的iPod重聽一次難懂的課程，或是只要多聽幾次就可背起來的訊息……

別忘了，每天浪費三次十分鐘的時間，對你來說可能不痛不癢，但是一整年累積下來，可就浪費了一百八十三個小時了，換句話說，你已浪費生命一個星期或幾乎三個星期的工作時間！

如何自我安排時間來準備考試？

打從一開始上課、甚至於上課前，就得開始準備應考了！

準備考試的三個重點

★專心聽講、努力理解課程，使筆記清楚易讀。

★每天晚上製作速記卡，利用這些卡，可使複習工作更迅速進行。

★每天或每個週末都要複習，這樣才能使記憶力發揮最佳執行力。

如何進行應考的自我訓練

★首先，確認自己已懂課程內容，就算沒有任何參考資料在眼前，都能把課程內容說出來。針對重點做加強：重要日期、公式、定義與綱要。

↓試著把這些重點一一寫出來。

★然後，確認自己真能運用所學。

↓在不看解答的情況下，重做習題。

↓利用考古題或自出考題來做練習。

★最後，訓練自己充分解讀題目，試著去了解老師想要什麼答案。

時間分配

1.考前一個月，就要著手複習工作。把時間先安排出來，使自己能夠把所有的章節，平心靜氣地重唸一次，並確定以下幾件事：

↓筆記是完整沒有遺漏的；

↓了解課程內容、所有的習題都做完、也融會貫通了；

↓所有補充資料都備妥了。

2.考前一個星期，再完整地重讀一次，複習速度要比前一次更快速。

3.考前前一晚，把整體課程內容再讀最後一次，速度要更快。然後，就上床睡吧！

考試當天早上就別再複習了，這樣只會使自己感到疲累、無謂地把自己搞得暈頭轉向，所以當天上午就別唸了，反正，這時你也記不住什麼東西啊！

這樣的時間安排有以下好處：

↓在沒有壓力的情況下進行複習；

↓同一重點經過數次複習；

↓假如有內容不明瞭的地方，還可及時向老師請教；

↓進行規畫安排，才不會被課程壓垮了；

↓考試當天，自信滿滿。

小提醒

應考小祕訣

★與其隱藏自己的缺點與弱點，還不如努力補救。

★假如你擔心某一科會被當，需知燒香拜佛是沒用的……還是在多下點功夫吧！

★猜題吧！預測哪些題目最可能出現在考題中。但也別太篤定，眞把某些預估不太可能出現考題中的章節跳過不唸。尤其別相信同學們，針對考題預測所流傳的謠言。

★假如你有許多考試要準備，那麼把喜歡的科目和不喜歡的科目，輪流交換著唸吧！

★多花一些時間準備那些「有利可圖」的考試，也就是那些投資報酬率高一些的科目。

如何規畫時間來準備作業或口頭報告？

（本段對準備高等教育作業特別有用）

撰寫學士、碩士或博士論文，需有一套特別針對課程精心設計的時間表，加以配合。

準備工作

論文是用來針對某個主題發表觀點的文章，需明確引申強調一些論點，來支持自己的想法。

1. 利用半個小時的時間，寫下所有在你腦海中閃過的、與主題相關的想法，這時就使腦力好好激盪一下吧！

2. 經過一夜好眠後，再來處理這些想法。把這些想法收集在一起，並加以組織整理。把自己的問題點確切地找出來，可能的話，先成立自己的假設觀點吧（假設觀點不要超過二至三個）！在腦海中先行草擬出大綱。

通常論文內容會有以下架構：

★五至八頁的導論，內容有：

↓一句引人注意的話語；
↓針對整個研究計畫，想要擁護的觀點；
↓對研究因素與結果的憂心想法；
↓最後，簡介論文的各個部分。
★提出一連串大家已知的問題點；
★提出所有的問題與假設；
★提出處理問題的方法論，內容可包括：
↓研究對象；
↓資料收集方法；
↓資料處理方法；
↓條件限制。
★包含所有可用以呼籲改善研究現況的建議，與評論的研究結果；
★一個重中重點與延伸主題的結論。

然後，可開始著手搜集資料了（參見第一〇九、一一〇頁），給自己訂定搜尋時間時，才不會拖拖拉拉的。

小提醒

搜集資料小祕訣

依據該撰寫的章節主題來整理資料，並且將資料分門別類地用資料夾整理好。

進行編輯

一般而言，學碩士論文約為六十頁（每頁含兩千五百個字母：每行七十二個字母、每頁約三十五行），外加十多頁的附錄（但不要附上過多的附錄資料）。

規格：Ａ４格式用紙，以法式環裝為主（直式），特殊狀況時可用義大利式裝訂（橫式），例如文中有非常大的統計表格時。

一定得經過電腦排版（範本字體最小規格：12號字），行間間距為一點五倍行高，需留足夠的空白邊際（左右兩邊）。段落間要空行，字體要有變化（斜體字、粗體字、畫底線、大寫字）。別忘了，在頁底處加註（隨頁註）。

非做不可

論文審核教授們，非常在乎研究者對研究主題的用心程度。因此，千萬不要交出一篇處處抄襲的論文。

別忘了！論文各部分都要經過邏輯架構後再呈現。

八

讓身體乖乖聽命學習的方法

有健康的身體，才有健康的心靈。
——相傳為荷馬（Homer）所言

我們的身體愈虛弱，就愈會控制我們的思想，
我們的身體愈強壯，就愈會服從我們的指揮。
——盧梭

身體健康對我們的學習效率是有直接影響的。當然，我們可能會受到細菌侵襲、意外受傷，或因周遭環境而感染生病。但是，健康與否的關鍵，主要得靠我們自己，和我們的生活習慣！

擁有健康的身體，可使學習過程更得心應手，可避免疲倦感或頭痛。在必要時，還可助你一臂之力，使你超越考驗或超重的功課負擔。

維持健康的十大關鍵字

活動

從事各種不同的體能活動或戲劇活動，合唱團也不錯呢！這些活動能使你遠離無聊，可刺激大腦功能呢！

小病痛

疲倦、頭痛或體溫微升……。揮別一有小病痛就吞阿斯匹靈、止痛藥或降血壓的習慣吧！疲倦、頭痛、稍微發燒，總意味著身體哪裡不舒服了，因此，放慢腳步吧！給自己一點休息時間，試著了解這些疼痛從何而來。泡個澡、喝杯果汁或熱呼呼的甜烈酒吧！

遠離毒品

不要再抽菸、吸食大麻、酗酒，或吸食其他毒品了。長期吸食這些東西，會對健康造成相當嚴重的殘害，還會上癮，對學習一點兒助益也沒有！

生理時鐘

盡量遵守自己的生理時鐘，將可事半功倍，不至於把自己累得半死。

小睡片刻

吃完午餐和晚餐後，各小睡十分鐘吧（無論如何都不可超過二十分鐘）！可以的話，聽聽柔和的音樂入睡吧。醒後將可以元氣十足地投入學習。小睡片刻是恢復體力的絕佳工具呢！

睡眠充足

每晚睡足七個半小時，這是恢復體力所必需的時間。就算有許多的工作要做，睡眠時間也不能少於六小時。疲倦，是學習最大的敵人。更何況，睡覺，絕對不是浪費時間，大腦會利用睡眠時間，重整白天接收到的資訊，因此，大腦也在睡覺時間裡學習喔！

營養充分
吃吧！但別吃過多，什麼都稍微吃一點兒，特別注重均衡性。但小心隱藏的油脂！多吃蔬菜水果，大腦和身體才能擁有全力以赴運作時所需要的養分。早餐要吃得夠，才不會使注意力未到中午就已消耗殆盡。

自我感知
每天花兩分鐘的時間端詳鏡中的自己，但別著重在外表上。花點時間平靜地感知自己的身體，特別感受一下自己的壓力起伏吧！你的身體會跟你溝通的，花點兒時間聽它說話。

運動
每週至少適度運動兩次，不僅對身體有所幫助，對腦筋也有助益：運動可使人感到放鬆。

壓力管理
壓力是可以控管的！（參見第一八三頁）。使自己感到壓力減輕、避免自己當機，是很重要的。

有關身心障礙人士

身心障礙的確使使多事情窒礙難行，但並非無可補救：

→某些組織（協會）可提供幫助。

→某些特殊措施都為身心障礙人士而設立，例如：享有考試優惠時間。

身心障礙從不影響成功的！許多有名的成功人士都深受殘疾之苦，就是很好的證明：貝多芬是失聰、愛因斯坦與華特・迪士尼（Walt Disney）均罹患失讀症（dyslexia）。

注意視力與聽力

無論是否需要助聽器或眼鏡相助，聽得清楚、看得清晰是最基本的了。否則，不僅難了解課堂內容，大腦更易疲累。每年至少檢查一次視力與聽力。

遠離噪音干擾！

噪音是造成疲累的重要原因。

我們身邊環繞著許許多多的聲響危害：交通噪音、喊叫聲、喇叭聲……還有隨身聽、聲量過大，或過於猛烈的聲音，都會導致嚴重的生理問題，例如造成睡眠障礙、重聽、壓力等等。

因此，下列事項顯然很重要：

★學會自我保護（不要太常聽隨身聽、聽的時間也不要過長，節制自己去聽演奏會的次數……）。

★為自己留點安靜的時刻。

睡眠是必要的

為何睡眠是必要的？

★身體與大腦都需要消除白天的疲倦感。

★疲倦會降低專注力與記憶效能。

★在深層睡眠中，大腦會將白天學到的知識，重新組織強化。

★睡眠不足會導致壓力大、產生攻擊性行為，甚至造成情緒沮喪。

每晚依照自己的睡眠週期，至少睡足七至八小時。請小心，賴床睡懶覺只能彌補一部分的不足睡眠，而且還會使你隔天更難起床。

假如在特殊情況中，必須少睡一點，那麼至少要尊重自己的睡眠週期。寧可少睡一個週期，也不要使鬧鐘在週期中把你吵醒。

若想找出自己的睡眠週期，可利用沒有時間限制的一天，使自己睡到自然醒。

假如你睡到自然醒的時間是七個半小時，那麼你的睡眠週期約為一個半小時，少睡一個週期，等於是六個小時的睡眠時間。

假如你睡到自然醒的時間是八小時，那麼你的睡眠週期約為一小時四十分，少睡一個週期，等於是六小時二十分的睡眠時間。

假如你睡到自然醒的時間是七個小時，那麼你的睡眠週期約為一小時二十分，少睡一個週期，等於是五小時四十分的睡眠時間。

為了保險起見，還是定鬧鐘吧！但學會依循睡眠週期睡到自然醒，真的是可行的！

會損害睡眠的事

↓壓力。

↓生活步調改變。不要使每天的上床時間或起床時間差距太大。在收假開學前最好預備一段適應調整期，慢慢地把睡覺時間與起床時間往前挪。

↓毒品。某些東西（例如大麻或安眠藥）會給人較容易入睡的錯覺。但事實上這些東西會損害睡眠品質。

↓睡前進行刺激活動。恐怖片或偵探片、打電動玩具，都會特別刺激到大腦。

幾個一夜好眠的建議

若想好好睡一覺，那麼至少在上床前十五分鐘，就要避免進行刺激性活動。這時可以進行以下事項：

→看看書或漫畫書；
→泡個熱水澡；
→聽廣播或音樂；
→喝杯水或花草茶（最好可以喝喝椴花茶，或橙花茶）；
→吃一塊餅乾（不是三塊喔！）；
→幫自己按摩、使自己放鬆一下。

試試看哪一項對自己最有效。

精心安排自己的睡覺環境

★最好在幽暗的環境中睡覺。
★白晝時，把房間窗戶打開，使房間充滿新鮮氧氣。
★使自己在沒有噪音的狀況中入睡（避免電視的聲響，也不要聽歌），要不然大腦會持續處理聽到的話語與歌詞。可以聽聽沒有歌詞的柔和音樂使自己入睡，並使用音響的「睡眠」鍵，使音樂播放十五分鐘後就自動關閉。

★將手機和電腦關機，這樣你才不會被簡訊吵醒。

做運動是維持良好健康的重要關鍵

做運動的十大好理由

(1)可發洩自己的情緒，才不會把氣出在別人身上。
(2)有利於心臟健康。
(3)可降低過胖的危機，因為做運動會使你燃燒許多脂肪。
(4)這個活動筋骨的機會，可使你平衡一下上課或用功唸書時，坐定不動的身體狀況。
(5)可交到朋友或是有另類的相遇喔！
(6)學習如何掌控自己的身體。肌肉是需要進行肌力訓練的，這可不是為了好看才這麼做，我們得靠肌肉的力量才能站起來、才能做動作呢！正如許多背痛症狀常都是因為肌力不夠才發生的呢！
(7)嘗試使自己擁有新經驗。
(8)降低壓力。
(9)有助培養睡意。

吧！

(10)學會運動家精神與進行良性競賽。

運動，是維持身心平衡的重要關鍵。當然，得量力而為，傾聽身體所發出的疲憊訊息吧！

上場運動了！

鐵定會有一種運動項目適合你的！找到一種符合你需求的運動吧：籃球、劍術、騎自行車、跳舞（霹靂舞、非洲舞、現代爵士舞等等）、登山、慢跑、網球、溜直排輪、溜冰、柔道、衝浪……就連走路也算一種運動喔！

現在有許多的運動項目，當中肯定有些是你所不熟悉的。你可詢問一下所在當地可進行哪些運動（例如向市政府運動中心詢問）。

幾個小建議

★費心為自己留點時間什麼事也別做，總得使自己稍微喘口氣吧！假如你把所有的休息時間都用來做體能活動，那你會把自己給累壞的。

★小心不要半途而廢喔！為了發現自己對哪種運動有興趣，而更換不同運動項目，是個不錯的作法，但是，可別一不順就更換運動項目。多點努力就可超越不順感了，成功的感覺會更使人開心呢！

如何避開壓力？

些許壓力對學習或發表口頭報告是有幫助的。但是，壓力若長期或持續存在，那就不妙了，長久下來，對大腦或健康都有負面影響。因此，最好能避開。

我們怎樣知道自己有壓力呢？

假如你經常出現下列毛病，或是下列某種感覺特別強烈，那你可能壓力不小了：

↓背痛；
↓睡眠障礙；
↓提不起興趣，連性趣都缺缺；
↓整體狀況很糟，處於憂傷；
↓疲憊，連起床時都還覺得累；
↓記憶障礙；
↓腹痛；
↓焦慮；

- ↓呼吸變得急促；
- ↓容易激動；
- ↓頭痛；
- ↓出現一些怪癖，例如一直抖腳；
- ↓注意力不集中……

如何掌控各種情勢？

課堂壓力	規律的唸書可避免產生突發的壓力。 製作速記卡是每晚複習功課的好方法。 經常審視自己的記憶能力。 為老師期待你交的作業，或期待你回答的問題預做準備。
考期	不要把功課都擠到最後當頭才要唸。 為自己訂製一個進度非常超前的複習計畫。 試著去了解老師究竟希望我們明白什麼。 把題目看清楚。

對某個科目特別不拿手	試著找出自己與該科不對盤的原因。分析自己的錯誤，自問為何對該科缺乏興趣。了解該學科的用途。你對該學科的排斥，是否只因為缺乏課程規畫所致？
無法適應某位教師	找出老師的要求、習慣與癖好。試著了解這位老師期待你有什麼表現。模擬他的提問方式，預擬答案。
對失敗產生恐懼	錯誤，是學習過程的一部分，你要學會從錯誤中成長。若想確保自己不犯錯，那麼先確認自己的筆記是完整無缺的，並確定自己能夠將課堂知識運用自如。
與家人有所爭執	與家人針對衝突點，達成某項「協定」吧！
很糟糕的安排計畫（任何事都到了火燒眉毛的境地才急著做）	管理自己的時間，整理自己的讀書位子，把自己的筆記本、電腦資料夾，均妥善排序，將自己的文件分門別類收藏保存。

試著使自己放鬆

參見下節。

避免以下事項

★不要為了想緩和自己的情緒而吸食毒品，尤其是香菸、大麻或鎮靜劑通通不能碰，這些東西都會危害健康，使情況更糟，儘管一時間會使人有好轉的錯覺。

★不要吃零食，尤其是那些富含油脂或醣類的食品。喝杯茶、花草茶來代替吧！真的嘴饞的話，頂多吃顆水果，或吃點乳製品吧！

★不要氣餒。接受艱難的時刻，不要唉聲嘆氣！試著找出生命的光明面，不斷地尋找解決方法。

靜心沉思一下

最好要學會「忍」。因為這是當你產生負面壓力，或遇到一個需要突破的挑戰時，需要採取的態度。

如何放鬆？

試著使自己放鬆放鬆，可以讓壓力減輕一點。

★想一些正面的事：一段美好的回憶、一件好笑的事、笑話、某個你喜歡的人……

★深呼吸。

★做做放鬆運動。

★聽音樂。

★看看書或漫畫書。

★做運動或體能活動。

★小睡片刻。

★找個人聊聊煩惱，或是把煩惱寫下來。

★和家中的寵物（假如你有養寵物的話）玩玩吧！

★盡量開懷大笑！

做幾個放鬆操

進行以下幾個放鬆操之前，需找個不冷的地方躺下來，躺在墊子上，緩緩地深呼吸，每個動作都要慢慢做，收縮肌肉吸氣、放鬆壓力吐氣。

★彎起雙手手臂，然後收縮、放鬆上腕二頭肌（手臂前端的肌肉）。

★緊皺前額，然後放鬆。用同樣方法運動上下顎。

★聳肩，然後放下肩膀。

★握緊拳頭，然後攤開手。

★把頭（慢慢地）轉到另一邊，從前面往後轉，繞一圈。

★收緊小腹，然後放鬆小腹。

笑聲萬歲！

笑，對身體而言，是個很棒的運動，就像使「體內進行慢跑運動」一樣，可完美地同時運動到臉部肌肉、肩膀肌肉、橫隔膜肌肉與腹部肌肉。當我們大笑時，就連手臂、小腿肌肉都一起參與呢！盡量大笑吧！當然，可不能取笑老師來引同學發笑喔！

大笑的當時所引發的所有行為，都可使人感到放鬆，因為這時體內正流竄蔓延著令人放鬆的荷爾蒙、令人感到快樂的腦內啡。

找到可以惹你發笑的事物吧！無需節制地盡情使用吧！給你幾個點子：

↓喜劇片；

↓喜劇短劇（廣播節目或電視演出均可）；

↓笑話集；

↓遊戲；

↓漫畫。

倘若你真不想大笑，那麼至少試試看每個小時微笑一次吧！

國家圖書館出版品預行編目資料

學習如何學習：歐洲名師教你自學成功的八堂課 / 安德烈．吉爾丹（André Giordan），傑羅姆．薩爾戴（Jérôme Saltet）著；林雅芬譯. ——初版. ——臺北市：商周出版：家庭傳媒城邦分公司發行, 2009.04
面；　公分. ——（全腦學習系列；8）
譯自：Apprendre à apprendre
ISBN 978-986-6472-42-8（平裝）

1. 學習方法　2. 學習心理學

521.1　　　　98004014

全腦學習系列 8X

學習如何學習：歐洲名師教你自學成功的八堂課

Apprendre à apprendre

作　　者 / 安德烈．吉爾丹（André Giordan）、傑羅姆．薩爾戴（Jérôme Saltet）
譯　　者 / 林雅芬
選書企劃人 / 曹繼韋
責 任 編 輯 / 羅珮芳
特 約 編 輯 / 林香婷

版　　權 / 林心紅
行 銷 業 務 / 張媖茜、黃崇華
總 編 輯 / 黃靖卉
總 經 理 / 彭之琬
發 行 人 / 何飛鵬
法 律 顧 問 / 台英國際商務法律事務所 羅明通律師
出　　版 / 商周出版
台北市104民生東路二段141號9樓
電話：(02) 25007008　傳眞：(02)25007759
E-mail：bwp.service@cite.com.tw
發　　行 / 英屬蓋曼群島商家庭傳媒股份有限公司 城邦分公司
台北市中山區民生東路二段141號2樓
書虫客服服務專線：02-25007718；25007719
服務時間：週一至週五上午09:30-12:00；下午13:30-17:00
24小時傳眞專線：02-25001990；25001991
劃撥帳號：19863813；戶名：書虫股份有限公司
讀者服務信箱：service@readingclub.com.tw
城邦讀書花園：www.cite.com.tw
香港發行所 / 城邦（香港）出版集團有限公司
香港灣仔駱克道193號東超商業中心1樓_ E-mail:hkcite@biznetvigator.com
電話：(852) 25086231　傳眞：(852) 25789337
馬新發行所 / 城邦（馬新）出版集團【Cite (M) Sdn. Bhd.】
41, Jalan Radin Anum, Bandar Baru Sri Petaling,
57000 Kuala Lumpur, Malaysia
電話：（603）90578822　傳眞：（603）90576622

封 面 設 計 / 廖韡
排　　版 / 極翔企業有限公司
印　　刷 / 韋懋實業有限公司
經　　銷 / 聯合發行股份有限公司　地址：新北市231新店區寶橋路235巷6弄6號2樓
電話：(02)2917-8022　傳眞：(02)2911-0053

■2009年3月24日初版
■2018年12月17日二版5.5刷
定價220元

Printed in Taiwan

Copyright ©Editions J'ai Lu, France, 2007
Complex Chinese Translation copyright ©2009
by Business Weekly Publications, a division of Cité Publishing Ltd.
ALL RIGHTS RESERVED

城邦讀書花園
www.cite.com.tw

著作權所有，翻印必究 ISBN 978-986-6472-42-8